SUMÁRIO

Aviso Legal

Este livro é protegido por direitos autorais, sendo exclusivamente destinado para uso pessoal. Você não pode alterar, distribuir, vender, usar, citar ou parafrasear qualquer parte ou o conteúdo deste livro sem o consentimento do autor ou do proprietário dos direitos autorais. Ações legais serão tomadas em caso de violação.

Isenção de Responsabilidade

Observe que as informações contidas neste documento são exclusivamente destinadas a fins educacionais e de entretenimento. Todos os esforços possíveis foram realizados para fornecer informações completas, precisas, atualizadas e confiáveis.

Nenhuma garantia de qualquer tipo está expressa ou implícita. Os leitores reconhecem que o autor não está envolvido na prestação de aconselhamento jurídico, financeiro, médico ou profissional.

Ao ler este documento, o leitor concorda que, sob nenhuma circunstância, sejamos responsáveis por quaisquer prejuízos, diretos ou indiretos, incorridos como resultado do uso das informações contidas neste documento, incluindo, mas não se limitando a erros, omissões ou imprecisões.

Apresentação

Neste livro, exploramos de forma abrangente o planejamento tributário para empresas optantes pelo Simples Nacional. Ao compreender os conceitos, estratégias e desafios relacionados a esse regime tributário, você estará melhor preparado para tomar decisões informadas e maximizar a eficiência fiscal de sua empresa. Lembre-se de que a legislação tributária está em constante evolução, portanto, é fundamental manter-se atualizado e buscar a orientação de profissionais qualificados para garantir o sucesso de sua empreitada empresarial.

Atenção

Este ebook tem fins educacionais e informativos e não constitui aconselhamento legal. Recomendamos que consulte um advogado tributarista ou contador antes de tomar decisões específicas de planejamento tributário para sua empresa.

CAPÍTULO I:

ENTENDENDO O

JIMPLEJ NACIONAL

O Simples Nacional é um regime tributário especial criado com o objetivo de simplificar e unificar o pagamento de impostos para micro e pequenas empresas. Essa iniciativa surgiu com a Lei Complementar nº 123/2006 e tem sido uma opção popular entre empreendedores de todo o país devido à sua praticidade e vantagens fiscais. Vamos explorar detalhadamente os aspectos fundamentais deste regime tributário.

1.1 O que é o Simples Nacional?

O Simples Nacional, também conhecido como **"Supersimples"**, é um regime tributário que permite que microempresas (ME) e empresas de pequeno porte (EPP) possam pagar diversos impostos federais, estaduais e municipais de forma simplificada, por meio de um único boleto, chamado Documento de Arrecadação do Simples Nacional (DAS).

Dentre os tributos abrangidos, destacam-se o Imposto sobre a Renda da Pessoa Jurídica (IRPJ), a Contribuição Social sobre o Lucro Líquido (CSLL), o Imposto sobre Serviços de Qualquer Natureza (ISS), o Imposto sobre Circulação de Mercadorias e Serviços (ICMS) e as contribuições para o Programa de Integração Social (PIS) e para o Financiamento da Seguridade Social (COFINS).

1.2 Quem pode optar pelo Simples Nacional?

Nem todas as empresas podem aderir ao Simples Nacional. Existem critérios específicos para a elegibilidade, que incluem:

- Ter faturamento anual dentro dos limites estabelecidos para ME e EPP, que variam de acordo com a atividade econômica e o estado onde a empresa está registrada.

- Não possuir débitos tributários, previdenciários ou não previdenciários, com a Receita Federal, Estadual ou Municipal.

- Não exercer atividades vedadas pelo regime, como a prestação de serviços de consultoria, importação de combustíveis, entre outros.

1.3 Vantagens e desvantagens de aderir ao Simples Nacional

A adesão ao Simples Nacional oferece diversas vantagens, tais como:

- **Simplificação tributária:** O pagamento unificado facilita o cumprimento das obrigações fiscais.
- **Redução da carga tributária:** Em muitos casos, a carga tributária total é menor em comparação com outros regimes.
- **Menos burocracia:** Menos obrigações acessórias e relatórios a serem apresentados ao governo.
- **Facilidade na abertura e encerramento:** Processos mais ágeis para abertura e encerramento de empresas.

Por outro lado, existem desvantagens, como:

- **Limites de faturamento:** Empresas que crescem além dos limites estabelecidos podem ser desenquadradas do Simples Nacional.
- **Restrições de atividades:** Algumas atividades não podem aderir ao regime.
- **Impedimentos para exportação:** Empresas que exportam produtos ou serviços podem não se beneficiar totalmente do Simples Nacional.

- **Tributação sobre o faturamento:** A tributação é baseada no faturamento bruto, independentemente do lucro real da empresa.

1.4 Limites de faturamento para enquadramento

Os limites de faturamento anual são revisados anualmente e variam de acordo com a atividade econômica da empresa e o estado onde está localizada. É fundamental verificar os valores vigentes para garantir o enquadramento correto. Caso a empresa ultrapasse esses limites, ela será desenquadrada automaticamente do Simples Nacional.

1.5 Como fazer a adesão ao Simples Nacional

A adesão ao Simples Nacional deve ser realizada no momento da abertura da empresa ou no início do ano-calendário. O processo envolve a inscrição no CNPJ (Cadastro Nacional da Pessoa Jurídica) e a solicitação da opção pelo Simples Nacional. É importante contar com o apoio de um contador ou consultor tributário para garantir que todos os requisitos sejam atendidos e que a empresa aproveite ao máximo os benefícios desse regime.

Neste capítulo, você obteve uma visão abrangente do Simples Nacional, compreendendo seus conceitos, quem pode aderir, vantagens e desvantagens, limites de faturamento e como fazer a adesão. Nos próximos capítulos, exploraremos em mais detalhes os aspectos tributários e estratégias de planejamento dentro desse regime tributário específico.

CAPÍTULO 2:
TRIBUTOS ABRANGIDOS PELO SIMPLES NACIONAL

O Simples Nacional é conhecido por sua simplicidade na forma de pagamento de tributos, unificando várias obrigações em um único boleto. Neste capítulo, exploraremos os principais tributos abrangidos por esse regime e como eles afetam as empresas optantes pelo Simples Nacional.

2.1 Imposto sobre a Renda da Pessoa Jurídica (IRPJ)

O IRPJ é um dos tributos mais relevantes para as empresas, e sua inclusão no Simples Nacional é uma das vantagens desse regime. Sob o Simples Nacional, o IRPJ é calculado com base em uma alíquota que varia de acordo com o faturamento da empresa, e não sobre o lucro. Isso significa que, mesmo que a empresa tenha prejuízo em determinado ano, ainda assim estará sujeita ao pagamento do IRPJ, mas em uma alíquota reduzida em comparação com outros regimes tributários.

2.2 Contribuição Social sobre o Lucro Líquido (CSLL)

A CSLL é um tributo federal que incide sobre o lucro líquido da empresa. Assim como o IRPJ, a CSLL no Simples Nacional é calculada com base no faturamento da empresa, em uma alíquota específica. A inclusão da CSLL no Simples Nacional também oferece simplificação e redução da carga tributária para as micro e pequenas empresas.

2.3 Imposto sobre Serviços de Qualquer Natureza (ISS)

O ISS é um imposto municipal que incide sobre a prestação de serviços. No Simples Nacional, as empresas prestadoras de serviços estão sujeitas ao pagamento do ISS, mas a alíquota é unificada e varia de acordo com a faixa de faturamento. A inclusão do ISS no Simples Nacional é uma forma de simplificar o cumprimento das obrigações tributárias para empresas que atuam na área de serviços.

2.4 Imposto sobre Circulação de Mercadorias e Serviços (ICMS)

O ICMS é um imposto estadual que incide sobre a circulação de mercadorias e serviços. No Simples Nacional, empresas que realizam atividades comerciais ou industriais também estão sujeitas ao pagamento do ICMS. Assim como os demais tributos, o ICMS no Simples Nacional possui alíquotas específicas e varia de acordo com o faturamento da empresa e o estado em que está localizada.

2.5 Contribuição para o Programa de Integração Social (PIS) e Contribuição para o Financiamento da Seguridade Social (COFINS)

O PIS e a COFINS são contribuições federais que incidem sobre a receita bruta das empresas. No Simples Nacional, essas contribuições são calculadas de forma simplificada, com alíquotas específicas que variam de acordo com o faturamento da empresa. A inclusão do PIS e da COFINS no Simples Nacional contribui para a redução da carga tributária e para a simplificação das obrigações fiscais das empresas.

O Simples Nacional abrange uma série de tributos que são pagos de forma unificada e simplificada, tornando-se uma opção atraente para micro e pequenas empresas. No entanto, é importante estar ciente das regras específicas e limites de faturamento para garantir a aderência a esse regime tributário. Nos próximos capítulos, exploraremos estratégias de planejamento tributário para otimizar a gestão desses tributos no contexto do Simples Nacional.

CAPÍTULO 3:
SUBLIMITES DO
SIMPLES NACIONAL

Os sublimites do Simples Nacional são uma parte crucial deste regime tributário que nem sempre recebe a devida atenção. Neste capítulo, exploraremos em detalhes o que são os sublimites, como eles variam por estado, suas consequências, estratégias para otimizar o enquadramento e o planejamento tributário nas fronteiras desses limites.

3.1 O que são os sublimites do Simples Nacional?

Os sublimites do Simples Nacional são faixas de faturamento anual estabelecidas individualmente por cada estado da federação, bem como pelo Distrito Federal. Eles determinam a partir de qual valor de faturamento uma empresa deve seguir as regras do Simples Nacional relativas ao estado em questão. Os sublimites visam considerar as realidades econômicas de cada região, levando em conta o custo de vida e as características do mercado local.

3.2 Sublimites por Estado

Cada estado e o Distrito Federal têm a liberdade de definir seus próprios sublimites do Simples Nacional. Isso resulta em uma ampla variação de valores em todo o país. Por exemplo, estados com economias mais robustas, como São Paulo e Rio de Janeiro, tendem a ter sublimites mais elevados do que estados com economias menores.

Para verificar os sublimites do Simples Nacional em seu estado, é importante consultar a legislação estadual ou o portal oficial da Secretaria da Fazenda do seu estado.

3.3 Consequências do enquadramento nos sublimites

Estar dentro ou fora dos sublimites do Simples Nacional tem implicações significativas para as empresas. Quando uma empresa ultrapassa o sublimite de seu estado, ela deixa de se beneficiar do regime simplificado para tributos estaduais (como o ICMS) e passa a seguir as regras do ICMS normal, que são mais complexas e onerosas.

3.4 Estratégias para otimizar o enquadramento nos sublimites

Para otimizar o enquadramento nos sublimites do Simples Nacional, é fundamental adotar estratégias que ajudem a controlar o faturamento e manter a empresa dentro dos limites. Alguns exemplos de estratégias incluem:

- **Segmentação de atividades:** Separar atividades que geram mais receita em diferentes empresas, se permitido pela legislação local.
- **Planejamento tributário:** Avaliar as consequências tributárias de cada ação e estratégia de negócios e ajustar de acordo.
- **Controle de custos:** Manter um controle rigoroso dos custos operacionais para manter o faturamento sob controle.
- **Expansão consciente:** Planejar o crescimento da empresa de forma estruturada, considerando o impacto nos limites do Simples Nacional.

3.5 Planejamento tributário nas fronteiras dos sublimites

Nas fronteiras dos sublimites do Simples Nacional, a empresa precisa adotar uma abordagem estratégica e cuidadosa para evitar o desenquadramento involuntário. Isso envolve:

- Monitoramento constante do faturamento para evitar ultrapassar os limites.
- Acompanhamento das mudanças nos sublimites, pois eles podem ser ajustados anualmente.
- Planejamento tributário proativo para aproveitar as vantagens do Simples Nacional e minimizar os riscos de desenquadramento.

O conhecimento detalhado dos sublimites do Simples Nacional e uma estratégia tributária bem elaborada são fundamentais para empresas que operam próximas a esses limites. O planejamento cuidadoso pode ajudar a garantir que sua empresa aproveite ao máximo as vantagens desse regime tributário e evite surpresas desagradáveis no que diz respeito à tributação estadual.

CAPÍTULO 4:
REGRAS DE CÁLCULO
DO SIMPLES NACIONAL

O cálculo do Simples Nacional é um aspecto fundamental deste regime tributário. Neste capítulo, exploraremos como os impostos são calculados no Simples Nacional, incluindo a tabela de alíquotas, o cálculo dos tributos federais, do ICMS e do ISS, além de fornecer um exemplo prático para ilustrar o processo.

4.1 Como é calculado o imposto no Simples Nacional?

O cálculo do imposto no Simples Nacional é baseado na receita bruta anual da empresa. As alíquotas variam de acordo com a faixa de faturamento e a atividade econômica da empresa. Em vez de se basear no lucro líquido, como em outros regimes tributários, o Simples Nacional tributa a receita bruta.

4.2 Tabela de alíquotas e faixas de faturamento

A tabela de alíquotas do Simples Nacional é composta por faixas de faturamento anual e alíquotas correspondentes. Quanto maior o faturamento, maior a alíquota. As alíquotas são subdivididas em tributos federais (IRPJ, CSLL, PIS, COFINS) e tributos estaduais ou municipais (ICMS e ISS). A tabela é atualizada anualmente, por isso é essencial verificar as alíquotas vigentes para o seu ano-calendário.

4.3 Cálculo dos tributos federais

Para calcular os tributos federais no Simples Nacional, a empresa deve aplicar a alíquota correspondente à sua faixa de faturamento sobre a receita bruta anual. Isso inclui o IRPJ, a CSLL, o PIS e a COFINS. Esses valores são somados e resultam no montante devido.

4.4 Cálculo do ICMS e do ISS

O cálculo do ICMS e do ISS é um pouco diferente. Cada estado e município tem suas próprias alíquotas para o ICMS e o ISS, respectivamente. A empresa deve aplicar a alíquota específica de acordo com a atividade econômica e localização da empresa sobre a receita bruta anual proveniente de vendas e prestação de serviços sujeitos a esses impostos.

4.5 Exemplo prático de cálculo do Simples Nacional

Suponhamos que uma empresa esteja enquadrada no Simples Nacional e tenha um faturamento anual de R$ 300.000,00. Vamos calcular os tributos federais e estaduais/municipais com base nas alíquotas vigentes para seu segmento:

A. Tributos Federais:

- Alíquota do IRPJ: 4%
- Alíquota da CSLL: 2,6%
- Alíquota do PIS: 0,65%
- Alíquota da COFINS: 3%

Cálculo:

IRPJ = R$ 300.000,00 x 4% = R$ 12.000,00

CSLL = R$ 300.000,00 x 2,6% = R$ 7.800,00

PIS = R$ 300.000,00 x 0,65% = R$ 1.950,00

COFINS = R$ 300.000,00 x 3% = R$ 9.000,00

B. Tributos Estaduais/Municipais:

- Alíquota do ICMS: 4%
- Alíquota do ISS: 3,5%

Cálculo:

ICMS = R$ 300.000,00 x 4% = R$ 12.000,00

ISS = R$ 300.000,00 x 3,5% = R$ 10.500,00

O valor total de tributos a pagar no Simples Nacional para esta empresa seria a soma de todos esses valores:

R$ 12.000,00 (IRPJ) + R$ 7.800,00 (CSLL) + R$ 1.950,00 (PIS) + R$ 9.000,00 (COFINS) + R$ 12.000,00 (ICMS) + R$ 10.500,00 (ISS)

= R$ 53.250,00

Este é apenas um exemplo simplificado, e a realidade tributária pode ser mais complexa, dependendo das alíquotas, faixas de faturamento e atividades da empresa. Portanto, é fundamental contar com a assessoria de um contador ou consultor tributário para calcular com precisão os tributos no Simples Nacional e cumprir todas as obrigações fiscais corretamente.

CAPÍTULO 5:
BENEFÍCIOS FISCAIS E INCENTIVOS NO SIMPLES NACIONAL

O Simples Nacional, além de sua simplificação tributária, oferece benefícios fiscais e incentivos para empresas que buscam reduzir a carga tributária e estimular o crescimento. Neste capítulo, exploraremos os principais aspectos relacionados aos benefícios fiscais e incentivos no Simples Nacional.

5.1 Benefícios fiscais concedidos pelo Simples Nacional

O Simples Nacional oferece diversos benefícios fiscais para micro e pequenas empresas, incluindo:

- **Redução de tributos:** A alíquota única do Simples Nacional muitas vezes resulta em uma carga tributária total menor em comparação com outros regimes tributários, especialmente para empresas de menor porte.

- **Simplificação das obrigações acessórias:** Menos burocracia e obrigações acessórias simplificadas significam menos tempo e recursos gastos em conformidade tributária.
- **Unificação de tributos:** A capacidade de pagar diversos impostos em um único boleto simplifica a gestão financeira.
- **Facilidade na abertura e encerramento de empresas:** Processos mais ágeis para abertura e encerramento de empresas facilitam a entrada e saída do mercado.

5.2 Incentivos fiscais para empresas de inovação e tecnologia

Além dos benefícios gerais do Simples Nacional, empresas que atuam na área de inovação e tecnologia podem se beneficiar de incentivos fiscais adicionais. Esses incentivos podem incluir:

- **Isenção ou redução de tributos:** Algumas atividades de inovação podem ser isentas ou ter alíquotas reduzidas em determinados impostos.
- **Créditos fiscais:** A possibilidade de obter créditos fiscais para investimento em pesquisa e desenvolvimento (P&D).

- **Participação em programas governamentais:** Acesso a programas de apoio à inovação e ao desenvolvimento tecnológico oferecidos pelo governo.

5.3 Como aproveitar os incentivos fiscais no Simples Nacional

Para aproveitar os incentivos fiscais no Simples Nacional, as empresas devem seguir alguns passos importantes:

- **Identificação das oportunidades:** Identificar quais benefícios fiscais e incentivos se aplicam à atividade da empresa.

- **Registro e documentação:** Certificar-se de que a empresa atende aos requisitos necessários para se qualificar aos incentivos fiscais, incluindo o registro adequado e documentação comprobatória.

- **Consultoria especializada:** Buscar orientação de contadores ou consultores tributários especializados em incentivos fiscais para garantir que todos os requisitos sejam cumpridos.

- **Acompanhamento das mudanças na legislação:** A legislação tributária está em constante mudança, e os benefícios fiscais podem ser alterados ao longo do tempo. É importante estar atualizado sobre as últimas regulamentações.

5.4 Riscos e obrigações relacionados aos benefícios fiscais

Embora os benefícios fiscais sejam vantajosos, é crucial estar ciente dos riscos e obrigações associados a eles. Algumas empresas podem cair na tentação de buscar benefícios fiscais de maneira inadequada, o que pode resultar em penalidades e litígios fiscais.

É essencial manter registros precisos, documentação adequada e cumprir todas as obrigações legais relacionadas aos incentivos fiscais para evitar problemas futuros.

5.5 Planejamento tributário estratégico com base nos incentivos

O planejamento tributário estratégico é fundamental para empresas que buscam aproveitar os benefícios fiscais e incentivos do Simples Nacional. Isso envolve:

- Avaliar constantemente a elegibilidade para os benefícios fiscais.
- Monitorar as mudanças na legislação tributária.
- Planejar investimentos em conformidade com os incentivos fiscais disponíveis.
- Manter registros detalhados e documentação comprobatória.

Os benefícios fiscais e incentivos do Simples Nacional podem proporcionar economias significativas para as empresas, especialmente aquelas envolvidas em atividades de inovação e tecnologia. No entanto, é fundamental entender os requisitos, riscos e obrigações associados a esses benefícios e adotar uma abordagem estratégica para otimizar a utilização deles.

CAPÍTULO 6: EMISSÃO DE NOTAS FISCAIS NO SIMPLES NACIONAL

A emissão de notas fiscais é um aspecto fundamental da gestão tributária de qualquer empresa, e no Simples Nacional não é diferente. Neste capítulo, exploraremos a obrigatoriedade de emissão de notas fiscais, os modelos utilizados, a importância das notas fiscais eletrônicas (NF-e), como registrar e armazenar esses documentos e as implicações fiscais de emitir notas fiscais incorretas.

6.1 Obrigatoriedade de emissão de notas fiscais

A obrigatoriedade de emissão de notas fiscais no Simples Nacional varia de acordo com a atividade da empresa e o estado em que está registrada. No entanto, em geral, a emissão de notas fiscais é exigida para:

- Todas as operações de venda de produtos ou prestação de serviços.
- Operações interestaduais.
- Vendas para órgãos públicos.

A não emissão de notas fiscais quando obrigatória pode resultar em multas e penalidades.

6.2 Modelos de notas fiscais utilizados no Simples Nacional

Existem diversos modelos de notas fiscais no Brasil, mas os mais comuns no Simples Nacional são:

- **Nota Fiscal de Venda ao Consumidor (NFVC):** Usada em vendas diretas ao consumidor final.
- **Nota Fiscal de Serviços (NFS):** Utilizada para registrar a prestação de serviços.
- **Nota Fiscal Eletrônica (NF-e):** Documento digital utilizado para registrar operações de venda de produtos ou prestação de serviços, obrigatório para a maioria das empresas.
- **Nota Fiscal de Produtor (NFP):** Utilizada por produtores rurais para registrar a venda de produtos agropecuários.

- **Conhecimento de Transporte Eletrônico (CT-e):** Usado para o registro de transporte de mercadorias.

6.3 Emissão de notas fiscais eletrônicas (NF-e)

A NF-e é uma forma moderna e eficiente de emitir notas fiscais, permitindo a sua geração e armazenamento em formato digital. Para emiti-la, a empresa deve possuir um certificado digital válido e utilizar um software emissor autorizado pela Receita Federal ou Secretaria da Fazenda de seu estado.

A NF-e simplifica a comunicação com os órgãos fiscais, reduzindo a burocracia e a chance de erros. Além disso, ajuda na preservação do meio ambiente, eliminando a necessidade de impressão em papel.

6.4 Como registrar e armazenar as notas fiscais

Registrar e armazenar corretamente as notas fiscais é fundamental para a conformidade fiscal. É importante seguir estas etapas:

- **Emissão correta:** Garantir que todas as informações estejam corretas na nota fiscal, incluindo dados do cliente, descrição dos produtos ou serviços, valores e alíquotas de impostos.

- **Envio aos órgãos fiscais:** Enviar as informações das notas fiscais eletrônicas aos órgãos fiscais de acordo com os prazos estabelecidos.

- **Armazenamento seguro:** Manter as notas fiscais arquivadas em formato digital pelo período determinado pela legislação, que varia de estado para estado.

6.5 Implicações fiscais da emissão de notas fiscais incorretas

A emissão de notas fiscais incorretas pode resultar em sérias implicações fiscais, incluindo:

- **Multas e penalidades:** Erros nas notas fiscais podem levar a multas significativas.

- **Dificuldades na contabilidade:** Notas fiscais incorretas podem complicar a contabilidade e o pagamento de impostos.

- **Auditorias fiscais:** Erros nas notas fiscais podem atrair a atenção dos órgãos fiscais, levando a auditorias detalhadas.

Portanto, é fundamental investir tempo e recursos na emissão correta das notas fiscais e na conformidade fiscal como um todo para evitar problemas futuros com as autoridades tributárias.

CAPÍTULO 7:

PLANEJAMENTO TRIBUTÁRIO NA COMPRA E VENDA DE PRODUTOS E SERVIÇOS

O planejamento tributário desempenha um papel fundamental nas operações de compra e venda de produtos e serviços de qualquer empresa. Neste capítulo, exploraremos estratégias essenciais para otimizar a gestão tributária nesses processos.

7.1 Estratégias de compra de insumos e matérias-primas

A compra de insumos e matérias-primas é uma etapa crítica na gestão tributária. Estratégias para otimizar essa área incluem:

- **Aproveitamento de créditos fiscais:** Certificar-se de que a empresa está aproveitando todos os créditos fiscais disponíveis, como os relacionados ao ICMS e ao IPI.

- **Análise de fornecedores:** Avaliar se os fornecedores têm regimes tributários compatíveis, o que pode impactar o custo tributário da empresa.

- **Negociação de preços e condições:** Buscar negociar preços mais competitivos e condições de pagamento favoráveis, considerando também a tributação envolvida.

7.2 Análise de margens e formação de preços

A análise de margens e a formação de preços são essenciais para garantir a lucratividade da empresa. É importante considerar os impostos que incidem sobre a venda de produtos e serviços ao definir os preços de venda. Uma estratégia eficaz é entender a elasticidade da demanda e como os preços afetam o volume de vendas e a receita total.

7.3 Negociação com fornecedores e clientes

A negociação com fornecedores e clientes também pode ter implicações tributárias. Negociar prazos de pagamento, descontos e outras condições pode afetar a gestão de fluxo de caixa e, por consequência, a capacidade de cumprir obrigações tributárias. Além disso, é importante entender como os acordos comerciais podem impactar a tributação das partes envolvidas.

7.4 Tributação na exportação de produtos ou serviços

A exportação de produtos ou serviços pode trazer benefícios fiscais, como a isenção ou redução de impostos. É fundamental conhecer as regras e os benefícios relacionados à exportação e garantir a conformidade com os regulamentos de comércio internacional. Além disso, é importante considerar os tratados de dupla tributação que podem afetar a tributação sobre renda no exterior.

7.5 Cuidados na compra e venda de ativos

Quando a empresa compra ou vende ativos, como imóveis, veículos ou maquinaria, é fundamental considerar as implicações fiscais dessas transações. Dependendo da natureza dos ativos e da forma como a transação é estruturada, podem surgir obrigações fiscais significativas, como o ganho de capital. Planejar essas transações com antecedência e buscar orientação profissional pode ajudar a minimizar o impacto fiscal.

O planejamento tributário na compra e venda de produtos e serviços é uma parte essencial da gestão financeira de qualquer empresa. Estratégias cuidadosas podem ajudar a reduzir a carga tributária, melhorar a lucratividade e garantir a conformidade com as leis fiscais em constante evolução. Portanto, é fundamental dedicar tempo e recursos a essa área da gestão empresarial.

CAPÍTULO 8:

CONTABILIDADE E CONTROLE FISCAL

A gestão contábil e o controle fiscal desempenham papéis cruciais na administração de uma empresa, especialmente quando esta opta pelo regime tributário do Simples Nacional. Neste capítulo, abordaremos a importância da contabilidade no Simples Nacional, as diferenças entre contabilidade simplificada e completa, as obrigações fiscais e os aspectos essenciais do controle fiscal.

8.1 A importância da contabilidade no Simples Nacional

A contabilidade é a espinha dorsal da gestão financeira e tributária de qualquer empresa, independentemente do seu tamanho ou regime tributário. No contexto do Simples Nacional, a contabilidade desempenha um papel crucial, ajudando a empresa a:

- Cumprir suas obrigações fiscais de forma precisa e pontual.

- Tomar decisões informadas com base em dados financeiros sólidos.
- Identificar oportunidades para economizar impostos e reduzir custos.
- Estabelecer relações de confiança com investidores, parceiros e órgãos reguladores.

Uma contabilidade bem mantida é uma ferramenta valiosa para avaliar o desempenho financeiro da empresa e garantir sua conformidade com as regulamentações fiscais.

8.2 Contabilidade simplificada x contabilidade completa

No Simples Nacional, as empresas têm a opção de escolher entre a contabilidade simplificada e a contabilidade completa. As principais diferenças entre essas abordagens incluem:

- **Contabilidade Simplificada:** É uma opção mais ágil e econômica. As empresas apenas precisam manter um registro simplificado de suas receitas e despesas. Não há necessidade de escrituração contábil formal.
- **Contabilidade Completa:** Requer uma escrituração contábil completa, seguindo os

princípios contábeis e as normas internacionais de contabilidade (IFRS). É mais detalhada e adequada para empresas maiores com controles financeiros complexos.

A escolha entre as duas depende do tamanho e da complexidade das operações da empresa. Empresas de menor porte geralmente optam pela contabilidade simplificada devido à sua simplicidade e custos mais baixos.

8.3 Livros fiscais e obrigações acessórias

Independentemente do tipo de contabilidade escolhido, as empresas do Simples Nacional precisam cumprir obrigações fiscais e manter registros adequados. Isso inclui:

- Manter registros de entradas e saídas de mercadorias (Livro de Registro de Controle da Produção e do Estoque).
- Emitir notas fiscais conforme exigido pelas legislações estaduais e municipais.
- Preencher e entregar as obrigações acessórias, como o SPED (Sistema Público de Escrituração Digital) e a EFD (Escrituração Fiscal Digital).

Cumprir essas obrigações garante que a empresa esteja em conformidade com as regulamentações fiscais e evita penalidades.

8.4 Controle de estoque e inventário

O controle de estoque e o inventário são aspectos críticos da contabilidade e do controle fiscal. Empresas que vendem produtos físicos devem manter registros precisos de seus estoques para calcular corretamente os custos dos produtos vendidos (CPV). Isso afeta diretamente o lucro tributável e, consequentemente, a carga tributária da empresa no Simples Nacional.

É essencial implementar procedimentos sólidos de controle de estoque e conduzir inventários regulares para garantir a precisão dos registros contábeis.

8.5 Auditoria interna e gestão de documentos fiscais

A auditoria interna e a gestão adequada de documentos fiscais são práticas essenciais para empresas no Simples Nacional. A auditoria interna permite identificar irregularidades e erros antes que causem problemas fiscais, enquanto a gestão de documentos fiscais inclui:

- Armazenamento seguro e organizado de notas fiscais, documentos contábeis e registros financeiros.
- Manutenção de cópias digitais de documentos para conformidade com a legislação que exige a preservação de registros eletrônicos.
- Implementação de políticas de retenção de documentos para cumprir os requisitos legais.

Uma boa gestão de documentos fiscais e auditoria interna ajuda a evitar problemas fiscais e a responder de forma eficaz a qualquer fiscalização.

A contabilidade e o controle fiscal são elementos vitais na gestão de qualquer empresa no Simples Nacional. Com a escolha adequada entre a contabilidade simplificada e completa, a manutenção de registros precisos e a conformidade com obrigações fiscais, as empresas podem otimizar sua gestão financeira e evitar problemas tributários. Investir tempo e recursos nesses aspectos é uma medida essencial para o sucesso empresarial a longo prazo.

CAPÍTULO 9:
PLANEJAMENTO TRIBUTÁRIO PARA A FOLHA DE PAGAMENTO

O planejamento tributário na folha de pagamento é uma parte fundamental da gestão financeira de qualquer empresa. Neste capítulo, exploraremos as principais considerações relacionadas aos impostos e encargos na folha de pagamento e estratégias para otimizar esses aspectos.

9.1 Imposto de Renda Retido na Fonte (IRRF)

O Imposto de Renda Retido na Fonte (IRRF) é um tributo federal que incide sobre os rendimentos pagos a pessoas físicas, como salários, pró-labore, comissões, entre outros. Para o empregador, a retenção do IRRF é uma responsabilidade, e o valor é descontado diretamente do salário do empregado.

Estratégias para otimizar o IRRF na folha de pagamento incluem:

- **Aproveitamento de deduções legais:** Conhecer e aplicar as deduções legais permitidas pela legislação, como dependentes e despesas médicas.
- **Planejamento de benefícios:** Oferecer benefícios que possam reduzir a base de cálculo do IRRF, como vale-refeição e vale-transporte.
- **Revisão de tabelas de retenção:** Estar atualizado com as tabelas de retenção de IRRF para garantir a retenção correta.

9.2 Contribuição Previdenciária do Empregado (INSS)

A Contribuição Previdenciária do Empregado (INSS) é descontada diretamente do salário dos funcionários para financiar a seguridade social. O valor do desconto depende da faixa salarial e da tabela progressiva do INSS.

Para otimizar a contribuição do empregado, as estratégias incluem:

- **Planejamento de remuneração:** Estruturar a remuneração de forma a considerar a faixa salarial e a contribuição máxima do INSS.

- **Uso de benefícios previdenciários:** Explorar alternativas como planos de previdência privada para complementar a aposentadoria dos funcionários.

9.3 Contribuição Previdenciária do Empregador (INSS)

Além da contribuição do empregado, o empregador também é responsável por pagar a Contribuição Previdenciária do Empregador (INSS Patronal). Essa contribuição é calculada com base na folha de pagamento e incide sobre o valor total da remuneração dos funcionários.

Estratégias para otimizar a contribuição do empregador incluem:

- **Utilização de benefícios fiscais:** Explorar programas de benefícios fiscais que possam reduzir a carga da contribuição previdenciária.
- **Revisão da estrutura de remuneração:** Avaliar a composição da remuneração para minimizar o impacto da contribuição previdenciária.

9.4 Fundo de Garantia do Tempo de Serviço (FGTS)

O Fundo de Garantia do Tempo de Serviço (FGTS) é um direito do trabalhador e deve ser depositado pelo empregador mensalmente em uma conta vinculada ao empregado. O valor do depósito é calculado com base no salário do empregado e equivale a 8% do salário bruto.

Estratégias para otimizar o FGTS incluem:

- **Análise da legislação:** Conhecer as regras do FGTS e garantir o cumprimento adequado das obrigações.
- **Uso de programas de parcelamento:** Em casos de atrasos ou pendências, aproveitar programas de parcelamento oferecidos pela Receita Federal.

9.5 Estratégias para redução dos encargos trabalhistas

A redução dos encargos trabalhistas é uma preocupação comum das empresas, e várias estratégias podem ser adotadas:

- **Adoção de contratos flexíveis:** Explorar modelos de contratos flexíveis, como contratações por tempo parcial ou intermitente.

- **Análise da terceirização:** Avaliar a terceirização de atividades não essenciais para reduzir a folha de pagamento e encargos associados.

- **Treinamento e desenvolvimento:** Investir na capacitação dos funcionários para aumentar a produtividade e a retenção de talentos, reduzindo a rotatividade.

O planejamento tributário na folha de pagamento é uma parte crucial da gestão financeira de uma empresa. A compreensão dos impostos e encargos, juntamente com a implementação de estratégias adequadas, pode ajudar a otimizar a gestão de recursos humanos, reduzir os custos e garantir a conformidade com a legislação trabalhista e previdenciária. É fundamental contar com o apoio de profissionais de contabilidade e recursos humanos para desenvolver e implementar eficazmente essas estratégias.

CAPÍTULO 10:

ALTERNATIVAS DE ENQUADRAMENTO E DESENQUADRAMENTO

O enquadramento no Simples Nacional é uma decisão estratégica para muitas empresas. Entender as alternativas de enquadramento, as consequências do desenquadramento, as estratégias para evitar problemas e o processo de reenquadramento é crucial para a gestão tributária eficaz. Neste capítulo, vamos explorar esses tópicos em detalhes.

10.1 Mudança de enquadramento no Simples Nacional

As empresas podem precisar mudar seu enquadramento no Simples Nacional por diversas razões. Isso pode ocorrer devido ao aumento de seu faturamento, a mudanças em sua estrutura societária, ou a mudanças na legislação tributária. É importante entender como essa mudança funciona e quais são os procedimentos necessários.

Motivos para a Mudança de Enquadramento

Muitas vezes, uma empresa pode considerar a mudança de enquadramento no Simples Nacional por diversos motivos estratégicos e operacionais:

A. Crescimento do Faturamento: À medida que uma empresa cresce, seu faturamento também aumenta. Isso pode levar a um ultrapassamento dos limites de faturamento permitidos para permanecer no Simples Nacional. Nesse caso, a mudança pode ser necessária para evitar o desenquadramento.

B. Mudança na Atividade Econômica: Às vezes, uma empresa pode diversificar suas operações ou entrar em novos segmentos de mercado que não se enquadram nas atividades permitidas pelo Simples Nacional. Isso pode exigir uma mudança de enquadramento.

C. Redução da Carga Tributária: Em alguns casos, a empresa pode identificar que poderia pagar menos impostos em outro regime tributário, como o Lucro Presumido ou Lucro Real. A mudança para esses regimes pode resultar em economias significativas.

D. Acesso a Benefícios Fiscais: Algumas empresas podem descobrir que em outros regimes tributários têm acesso a benefícios fiscais específicos para o seu setor ou localização geográfica. Isso pode ser um fator motivador para a mudança.

E. Expansão Internacional: Se a empresa planeja expandir suas operações internacionalmente, o Simples Nacional pode não ser adequado, uma vez que se aplica apenas a operações nacionais. Nesse caso, a mudança de enquadramento é necessária.

Processo de Mudança de Enquadramento

O processo de mudança de enquadramento no Simples Nacional é relativamente simples, mas requer atenção aos prazos e documentação adequada:

A. Verificação de Elegibilidade: A empresa deve verificar se atende aos requisitos para a mudança de enquadramento, incluindo os limites de faturamento e atividades permitidas.

B. Comunicação à Receita Federal: É necessário comunicar à Receita Federal a intenção de mudar de enquadramento por meio do Portal do Simples Nacional. Isso deve ser feito até o último dia do mês de janeiro do ano-calendário em que se deseja a mudança.

C. Acompanhamento do Processo: Após a comunicação, a Receita Federal avaliará a solicitação. É importante acompanhar o andamento do processo e fornecer qualquer documentação adicional que possa ser solicitada.

D. Regularização de Pendências: A empresa deve garantir que não tenha pendências tributárias ou fiscais que impeçam a mudança de enquadramento.

E. Novas Obrigações Fiscais: É importante compreender as novas obrigações fiscais que surgirão no novo regime tributário, como a apuração de impostos e a emissão de notas fiscais de acordo com as regras do novo regime.

Impacto na Tributação

A mudança de enquadramento no Simples Nacional pode ter um impacto significativo na carga tributária da empresa:

A. **Aumento ou Redução de Impostos:** Dependendo do novo regime tributário escolhido, a empresa pode experimentar um aumento ou uma redução na carga tributária total.

B. **Novas Obrigações:** A mudança pode implicar em novas obrigações fiscais, como a apuração de impostos de maneira diferente e o cumprimento de regras específicas do novo regime.

C. **Planejamento Tributário:** É essencial realizar um planejamento tributário cuidadoso antes de efetuar a mudança. Isso pode envolver a análise de diferentes cenários e o cálculo do impacto financeiro da mudança.

D. Acompanhamento Contínuo: Após a mudança, a empresa deve acompanhar de perto sua nova situação fiscal para garantir que esteja em conformidade com todas as obrigações e aproveitando ao máximo as vantagens do novo regime.

A mudança de enquadramento no Simples Nacional pode ser motivada por diversos fatores, e o processo envolve etapas específicas que precisam ser seguidas com cuidado. O impacto na tributação da empresa deve ser avaliado com atenção para garantir que a decisão seja a mais adequada para seus interesses financeiros e estratégicos.

10.2 Consequências do desenquadramento

O desenquadramento do Simples Nacional pode ocorrer por várias razões, como ultrapassar os limites de faturamento estabelecidos ou não cumprir requisitos específicos do regime. Essa mudança de regime tributário pode ter implicações significativas para a empresa.

Motivos Comuns de Desenquadramento

O desenquadramento do Simples Nacional é uma situação que pode ocorrer por diversos motivos, e é importante que as empresas estejam cientes dos fatores mais comuns que levam a essa situação:

A. **Ultrapassagem dos Limites de Faturamento:** O motivo mais comum para o desenquadramento é a ultrapassagem dos limites de faturamento estabelecidos para cada categoria dentro do Simples Nacional. Se a empresa exceder esses limites, ela não poderá mais permanecer no regime.

B. **Exercício de Atividades Vedadas:** Algumas atividades econômicas não são permitidas no Simples Nacional, como serviços financeiros, consultoria, entre outros. Se a empresa passar a exercer uma atividade vedada, isso pode levar ao desenquadramento.

C. **Participação de Sócios Estrangeiros:** Se a empresa tiver sócios estrangeiros, ela não poderá ser optante pelo Simples Nacional. A inclusão de sócios estrangeiros pode levar ao desenquadramento.

D. Inadimplência com as Obrigações Fiscais: A inadimplência com as obrigações fiscais, como o não pagamento de impostos ou a falta de entrega de declarações, pode levar ao desenquadramento.

E. Inclusão de Sócios Menores de Idade: A inclusão de sócios menores de idade no quadro societário da empresa também é vedada no Simples Nacional e pode resultar no desenquadramento.

Consequências Fiscais e Tributárias

O desenquadramento do Simples Nacional tem implicações significativas na carga tributária e nas obrigações fiscais da empresa:

A. Aumento da Carga Tributária: A principal consequência é o aumento da carga tributária. A empresa deixará de se beneficiar das alíquotas reduzidas do Simples Nacional e passará a pagar impostos de acordo com as regras do regime tributário escolhido, que pode ser mais oneroso.

B. **Novas Obrigações Acessórias:** A empresa também terá que cumprir novas obrigações acessórias, como a apuração e o pagamento de impostos de forma diferenciada, além de apresentar declarações específicas do novo regime tributário.

C. **Parcelamento de Débitos:** Se a empresa tiver débitos tributários no momento do desenquadramento, será necessário fazer um parcelamento ou quitação desses valores de acordo com as regras do novo regime tributário.

Obrigações Após o Desenquadramento

Após o desenquadramento, a empresa deve estar preparada para cumprir diversas obrigações fiscais e contábeis:

A. **Escolha do Novo Regime Tributário:** A empresa deverá escolher entre o Lucro Presumido, Lucro Real ou outro regime tributário adequado ao seu perfil. Essa escolha deve ser feita com base em análises tributárias.

B. Regularização de Pendências: Se houver pendências fiscais, como débitos em atraso, é fundamental regularizá-las junto às autoridades fiscais.

C. Adaptação às Novas Regras: A empresa precisará adaptar seus processos internos e sistemas de contabilidade para cumprir as novas regras do regime tributário escolhido.

D. Controle das Obrigações Acessórias: O controle das obrigações acessórias, como a entrega de declarações e demonstrativos, deve ser rigoroso para evitar problemas fiscais.

O desenquadramento do Simples Nacional pode ocorrer por vários motivos, e as empresas desenquadradas enfrentarão consequências fiscais significativas. É fundamental que as empresas estejam cientes das obrigações após o desenquadramento e tomem medidas para se adaptar ao novo regime tributário e cumprir todas as obrigações fiscais e contábeis necessárias. Além disso, é aconselhável buscar orientação de profissionais contábeis e tributários para orientar esse processo de transição.

10.3 Planejamento tributário para evitar o desenquadramento

Evitar o desenquadramento do Simples Nacional é uma prioridade para muitas empresas, pois isso pode resultar em um aumento substancial na carga tributária. Vamos explorar estratégias que as empresas podem adotar para evitar o desenquadramento.

- **Monitoramento constante:** A importância de acompanhar de perto o faturamento e outros requisitos para o Simples Nacional.
- **Estratégias de crescimento:** Crescer de forma planejada e estratégica para evitar o desenquadramento.
- **Revisão periódica:** A necessidade de revisar periodicamente a situação da empresa em relação aos requisitos do Simples Nacional.

10.4 Reenquadramento no Simples Nacional

Após o desenquadramento, as empresas podem buscar retornar ao Simples Nacional. Explicaremos como funciona o processo de reenquadramento e o que as empresas precisam fazer para se beneficiar novamente desse regime tributário simplificado.

Requisitos para Reenquadramento

O reenquadramento no Simples Nacional é uma opção importante para empresas que desejam alterar sua tributação, seja para aproveitar benefícios fiscais ou para se adequar melhor à sua realidade financeira. No entanto, para efetuar o reenquadramento, a empresa deve atender a certos requisitos, que podem variar de acordo com a situação. Alguns dos requisitos comuns incluem:

A. **Enquadramento anterior no Simples Nacional:** A empresa deve ter sido optante pelo Simples Nacional em algum momento de sua existência, seja por opção ou por obrigatoriedade.

B. **Faturamento dentro dos limites:** O faturamento anual da empresa deve estar dentro dos limites estabelecidos para o Simples Nacional, levando em consideração o ano-calendário anterior.

C. **Regularidade fiscal:** A empresa não pode possuir débitos tributários pendentes com a Receita Federal, a Receita Estadual ou a Receita Municipal. A regularização de pendências é necessária antes do reenquadramento.

D. **Atividades permitidas:** Algumas atividades não são permitidas no Simples Nacional, como consultorias, por exemplo. A empresa deve estar enquadrada em atividades elegíveis.

E. **Vedação de sublocação de imóveis:** Empresas que sublocam imóveis para terceiros não podem aderir ao Simples Nacional.

Procedimento de Reenquadramento

O processo de reenquadramento no Simples Nacional envolve algumas etapas importantes e a apresentação de documentação específica. Os principais passos incluem:

A. **Verificação dos requisitos:** Antes de iniciar o processo, a empresa deve verificar se atende a todos os requisitos necessários para o reenquadramento.

B. **Regularização fiscal:** Caso a empresa tenha pendências fiscais, é necessário regularizá-las, quitando os débitos ou negociando parcelamentos.

C. Solicitação: A empresa deve acessar o portal do Simples Nacional e realizar a solicitação de reenquadramento. É importante preencher todas as informações corretamente e anexar os documentos exigidos.

D. Acompanhamento: Após a solicitação, a Receita Federal fará uma análise da documentação e dos requisitos. É importante acompanhar o andamento do processo pelo portal e atender a eventuais solicitações de informações adicionais.

E. Comunicação da decisão: A Receita Federal comunicará a decisão sobre o reenquadramento, que pode ser aceito ou negado. Em caso de aceitação, a empresa passará a ser tributada de acordo com as regras do Simples Nacional.

Planejamento Futuro

Após o reenquadramento no Simples Nacional, as empresas devem adotar uma abordagem estratégica para evitar problemas de desenquadramento no futuro. Algumas medidas importantes incluem:

A. Monitoramento do faturamento: Acompanhar regularmente o faturamento para garantir que ele permaneça dentro dos limites estabelecidos pelo Simples Nacional.

B. Atenção às mudanças na legislação: Manter-se informado sobre as mudanças na legislação que possam afetar o enquadramento da empresa.

C. Planejamento tributário: Continuar a realizar planejamento tributário para otimizar a carga fiscal da empresa de forma legal.

D. Controle fiscal: Manter um rigoroso controle fiscal, garantindo o cumprimento de todas as obrigações acessórias e o pagamento correto dos impostos.

E. Consultoria especializada: Contar com a orientação de consultores tributários especializados para auxiliar na tomada de decisões estratégicas e no cumprimento das obrigações fiscais.

O reenquadramento no Simples Nacional é uma opção valiosa para empresas que desejam ajustar sua tributação. No entanto, é fundamental atender aos requisitos, seguir os procedimentos corretos e adotar um planejamento futuro estratégico para manter-se em conformidade e evitar problemas de desenquadramento no futuro. A consulta a especialistas em tributação é altamente recomendada para garantir que a empresa esteja sempre tomando as melhores decisões em relação à sua carga fiscal.

10.5 Avaliação de cenários e decisão estratégica

Tomar decisões relacionadas ao enquadramento no Simples Nacional envolve avaliar diferentes cenários e considerar o impacto financeiro e tributário de cada opção. Vamos fornecer orientações sobre como realizar essa avaliação e tomar decisões estratégicas informadas.

- **Análise de cenários:** Como avaliar as implicações tributárias e financeiras de diferentes cenários de enquadramento.
- **Consultoria profissional:** A importância de contar com o apoio de profissionais de contabilidade e consultoria tributária.
- **Estratégias futuras:** Como as decisões de enquadramento podem impactar a estratégia tributária e financeira da empresa a longo prazo.

O enquadramento e o desenquadramento no Simples Nacional são decisões complexas que requerem uma compreensão sólida das regras e implicações tributárias. Este capítulo oferece insights valiosos e orientações práticas para ajudar as empresas a tomar decisões informadas e estratégicas em relação ao seu regime tributário.

CAPÍTULO II:
FUSÕES, AQUISIÇÕES E CISÕES NO SIMPLES NACIONAL

As fusões, aquisições e cisões são estratégias importantes no mundo dos negócios, permitindo que as empresas cresçam, se reestruturem e alcancem seus objetivos comerciais. No contexto do Simples Nacional, essas operações podem ter implicações fiscais significativas. Neste capítulo, exploraremos os aspectos-chave relacionados a essas transações e como o planejamento tributário desempenha um papel crucial.

11.1 Fusões e aquisições de empresas optantes pelo Simples Nacional

Fusões e aquisições envolvendo empresas optantes pelo Simples Nacional são operações complexas que exigem cuidados especiais devido às implicações tributárias.

Minimizando o Impacto Fiscal no Simples Nacional

A estruturação de operações, como fusões e aquisições, é uma parte crítica da gestão financeira das empresas. Quando se trata de empresas optantes pelo Simples Nacional, a estruturação adequada é essencial para minimizar o impacto fiscal e garantir que a transação seja realizada de maneira eficiente. Abaixo estão algumas estratégias e considerações importantes:

A. **Avaliação da Estrutura Atual:** Antes de iniciar qualquer operação, é fundamental avaliar a estrutura atual das empresas envolvidas. Isso inclui entender sua classificação no Simples Nacional, as atividades desenvolvidas e seus históricos tributários.

B. **Reorganização Prévia:** Em alguns casos, pode ser vantajoso reorganizar as estruturas societárias das empresas envolvidas antes da fusão ou aquisição. Isso pode incluir a criação de subsidiárias ou a transferência de ativos para minimizar o impacto fiscal.

C. Análise das Atividades: É importante determinar quais atividades são elegíveis para o Simples Nacional e quais não são. Isso pode afetar a forma como a operação é estruturada e como as empresas são consolidadas após a transação.

D. Avaliação dos Limites de Faturamento: As empresas envolvidas na operação devem estar cientes dos limites de faturamento estabelecidos pelo Simples Nacional. Se a transação resultar em um faturamento combinado que exceda esses limites, a empresa poderá ser desenquadrada e enfrentar uma carga tributária mais alta.

E. Planejamento Tributário Pós-Operação: Após a conclusão da operação, é importante realizar um planejamento tributário pós-operacional para garantir que as empresas estejam tirando o máximo proveito das vantagens fiscais disponíveis no Simples Nacional. Isso pode incluir a otimização das atividades tributáveis e a identificação de oportunidades de economia fiscal.

Avaliação de Ativos e Passivos Fiscais

Antes de concluir uma fusão ou aquisição, a avaliação detalhada de ativos e passivos fiscais é crucial. Isso envolve a análise minuciosa de todos os elementos financeiros relacionados à operação, incluindo:

A. **Ativos Fiscais:** Identificação de ativos fiscais, como créditos tributários não utilizados, que podem ser transferidos ou utilizados após a operação.

B. **Passivos Fiscais:** Identificação de passivos fiscais, como pendências tributárias ou contingências fiscais, que podem afetar a operação ou a carga tributária pós-operacional.

C. **Estruturação da Dívida:** Avaliação da estrutura de dívida das empresas envolvidas para determinar o impacto tributário da transação.

D. **Benefícios Fiscais:** Identificação de quaisquer benefícios fiscais que possam ser aproveitados pela operação, como incentivos fiscais para determinadas atividades.

E. **Revisão de Contratos:** Análise dos contratos vigentes para identificar qualquer cláusula que possa afetar a transação ou ter implicações fiscais.

A avaliação cuidadosa de ativos e passivos fiscais ajuda a evitar surpresas desagradáveis após a conclusão da operação e permite que as empresas negociem com base em informações sólidas.

Impacto na Carga Tributária e Mitigação de Riscos Fiscais

A fusão ou aquisição pode ter um impacto significativo na carga tributária das empresas envolvidas. Para mitigar riscos fiscais e garantir que a operação seja estruturada de forma eficiente, considerações importantes incluem:

A. **Análise Tributária:** Uma análise tributária completa deve ser conduzida para determinar o impacto da operação na carga tributária das empresas envolvidas.

B. **Utilização de Prejuízos Fiscais:** Em alguns casos, é possível utilizar prejuízos fiscais acumulados para compensar ganhos tributáveis, reduzindo assim a carga tributária.

C. **Planejamento de Transição:** O processo de transição após a operação deve ser cuidadosamente planejado para garantir que as obrigações fiscais sejam cumpridas e que não haja interrupções nos negócios.

D. **Estruturação Contratual:** A forma como a operação é documentada e estruturada contratualmente pode ter implicações fiscais. É importante que a estruturação seja feita de maneira a minimizar a carga tributária.

E. **Contingências Fiscais:** Consideração das contingências fiscais, como litígios tributários pendentes, e como elas podem ser abordadas na negociação.

A estruturação de operações como fusões e aquisições para empresas optantes pelo Simples Nacional requer uma análise detalhada e planejamento estratégico. A avaliação de ativos e passivos fiscais, juntamente com uma análise cuidadosa do impacto na carga tributária, são elementos cruciais para o sucesso da operação e a minimização de riscos fiscais.

11.2 Cisões e incorporações

As cisões e incorporações são estratégias comuns em processos de reestruturação societária.

Diferenças entre Cisões e Incorporações

Cisões e incorporações são operações de reestruturação societária que envolvem mudanças na estrutura das empresas, mas essas operações se diferenciam em termos de estrutura e implicações fiscais:

CISÕES:

- **Definição:** A cisão é uma operação em que uma empresa é dividida em duas ou mais empresas distintas, chamadas de "cisas". A empresa original é extinta, e seus ativos, passivos e atividades são distribuídos entre as cisas.

- **Implicações Fiscais:** As cisões podem ter implicações fiscais significativas, especialmente em relação aos impostos devidos sobre a distribuição dos ativos e passivos da empresa original para as cisas.

- **Benefícios Potenciais:** As cisões podem ser usadas para segmentar diferentes linhas de negócios, facilitar a venda de parte da empresa ou simplificar a estrutura corporativa.

INCORPORAÇÕES:

- **Definição:** A incorporação ocorre quando uma empresa (incorporada) é absorvida por outra empresa (incorporadora). A incorporada deixa de existir, e seus ativos, passivos e atividades são transferidos para a incorporadora.

- **Implicações Fiscais:** As incorporações também podem ter implicações fiscais, especialmente no que diz respeito à forma como os ativos e passivos da empresa incorporada são tratados na incorporadora.

- **Benefícios Potenciais:** As incorporações são frequentemente usadas para consolidar negócios, adquirir ativos ou expandir a presença de uma empresa.

Procedimentos Legais e Fiscais

Ao realizar cisões e incorporações no Simples Nacional, as empresas precisam seguir procedimentos legais e fiscais específicos:

A. **Planejamento:** Antes de iniciar a operação, é essencial um planejamento cuidadoso. Isso inclui a definição dos objetivos da operação e a análise das implicações legais e fiscais.

B. **Documentação Legal:** As empresas devem elaborar os documentos legais necessários, como o contrato de cisão ou incorporação, que devem ser registrados nos órgãos competentes.

C. **Comunicação aos Órgãos Reguladores:** As empresas devem informar aos órgãos reguladores sobre a operação, como a Receita Federal e a Junta Comercial, e seguir os procedimentos de registro e aprovação exigidos.

D. **Avaliação de Ativos e Passivos:** Deve ser realizada uma avaliação precisa de todos os ativos e passivos envolvidos na operação.

E. Tratamento Fiscal: É importante determinar como os impostos serão tratados na operação, especialmente em relação ao Simples Nacional.

Impacto nos Regimes Tributários

A mudança na estrutura societária pode afetar o enquadramento no Simples Nacional. Algumas considerações importantes incluem:

A. Reenquadramento: Após uma cisão ou incorporação, as empresas envolvidas podem precisar reavaliar seu enquadramento no Simples Nacional com base nos novos critérios de faturamento e atividades.

B. Requisitos de Faturamento: As empresas resultantes da operação devem verificar se atendem aos requisitos de faturamento do Simples Nacional para se manterem ou se reenquadrarem.

C. Atividades Elegíveis: A mudança na estrutura societária pode afetar quais atividades são realizadas pelas empresas resultantes da operação, e isso pode impactar a elegibilidade para o Simples Nacional.

Cisões e incorporações são operações complexas que exigem um planejamento cuidadoso e a consideração de implicações fiscais e legais. As empresas devem seguir os procedimentos adequados, incluindo a avaliação de ativos e passivos, para garantir uma transição suave e estar cientes de como essas operações podem afetar seu enquadramento no Simples Nacional.

11.3 Planejamento tributário em processos de reestruturação societária

O planejamento tributário desempenha um papel crítico em processos de reestruturação societária.

Estratégias de Otimização Fiscal em Transações Empresariais

A otimização fiscal desempenha um papel fundamental em transações empresariais, como fusões, aquisições, cisões e incorporações. Estratégias bem planejadas podem ajudar a minimizar a carga tributária e aumentar a eficiência financeira. Aqui estão algumas estratégias de otimização fiscal:

A. **Estruturação da Transação:** A escolha da estrutura da transação pode ter um impacto significativo na carga tributária. Por exemplo, optar por uma fusão ao invés de uma aquisição pode resultar em tratamento fiscal mais favorável.

B. **Utilização de Prejuízos Fiscais:** Se uma das empresas envolvidas na transação tiver prejuízos fiscais acumulados, é possível utilizá-los para compensar ganhos tributáveis, reduzindo assim o imposto devido.

C. **Análise de Ativos e Passivos:** Uma análise detalhada dos ativos e passivos envolvidos na transação pode ajudar a identificar oportunidades para otimização. Por exemplo, é possível vender ativos com menor ganho tributável.

D. **Estruturação Contratual:** A forma como a transação é documentada e estruturada contratualmente pode ter implicações fiscais. É importante que a estruturação seja feita de maneira a minimizar a carga tributária.

E. Aproveitamento de Incentivos Fiscais: Algumas jurisdições oferecem incentivos fiscais para certos tipos de transações. É importante avaliar se esses incentivos estão disponíveis e se podem ser aproveitados.

Avaliação de Benefícios Fiscais em Processos de Reestruturação

Em processos de reestruturação, como fusões e aquisições, é essencial avaliar os benefícios fiscais disponíveis. Alguns pontos importantes a considerar incluem:

A. Créditos Tributários: Identificar e avaliar quaisquer créditos tributários disponíveis que podem ser utilizados para reduzir a carga tributária após a transação.

B. Incentivos Fiscais Regionais: Em algumas regiões, são oferecidos incentivos fiscais para empresas que investem em determinadas áreas.

Avaliar se a transação se qualifica para esses incentivos.

C. Benefícios de Amortização: Em algumas transações, é possível amortizar determinados custos ao longo do tempo, o que pode resultar em economia fiscal.

D. Deduções Especiais: Verificar se existem deduções fiscais especiais disponíveis para empresas envolvidas em determinados setores ou atividades.

Compliance e Documentação Adequada

A conformidade fiscal e a documentação adequada são fundamentais em qualquer transação empresarial. Algumas considerações incluem:

A. Manutenção de Registros: Manter registros financeiros precisos é essencial para cumprir as obrigações fiscais e para documentar a transação de forma adequada.

B. **Cumprimento de Prazos:** Cumprir os prazos fiscais e de declarações é crucial para evitar penalidades e garantir a conformidade fiscal.

C. **Documentação Contratual:** A documentação contratual da transação deve refletir com precisão os termos acordados, incluindo questões fiscais. Isso pode evitar disputas futuras com as autoridades fiscais.

D. **Consultoria Especializada:** Contar com a orientação de consultores fiscais e jurídicos especializados é fundamental para garantir que todos os aspectos fiscais e legais da transação sejam tratados de forma adequada.

A otimização fiscal em transações empresariais envolve a consideração de estratégias inteligentes, a avaliação de benefícios fiscais e o cumprimento adequado das obrigações fiscais e documentação contratual. O planejamento cuidadoso e a consulta a especialistas são essenciais para maximizar os benefícios fiscais e minimizar os riscos fiscais em transações comerciais.

11.4 Análise de riscos e oportunidades fiscais

Toda transação envolve riscos e oportunidades fiscais.

Identificação de Riscos Fiscais em Operações de Fusões, Aquisições e Cisões

A identificação de riscos fiscais é uma etapa crítica em operações de fusões, aquisições e cisões. A falta de atenção a esses riscos pode resultar em problemas legais, penalidades fiscais e perda de oportunidades de economia fiscal. Aqui estão algumas considerações para identificar riscos fiscais:

A. ***Due Diligence* Tributária:** Realizar uma *due diligence* tributária completa é fundamental. Isso envolve uma análise detalhada dos registros fiscais, declarações de impostos e histórico tributário das empresas envolvidas na transação.

B. **Revisão de Passivos Fiscais:** Identificar possíveis passivos fiscais, como pendências tributárias não pagas ou disputas em andamento, que podem afetar a transação.

C. Avaliação de Ativos e Passivos: Avaliar cuidadosamente todos os ativos e passivos envolvidos na operação para determinar seu valor e impacto fiscal.

D. Análise de Benefícios Fiscais: Avaliar se existem benefícios fiscais que podem ser perdidos ou comprometidos devido à transação, como créditos tributários ou incentivos fiscais.

E. Cumprimento das Normas Fiscais: Garantir que todas as transações e estruturas propostas estejam em conformidade com as normas fiscais e regulamentações locais e internacionais.

F. Estruturação de Dívidas: Avaliar o impacto fiscal da estrutura de dívida das empresas envolvidas na transação, pois isso pode afetar a carga tributária.

G. Análise de Impostos Futuros: Considerar os impostos futuros que podem surgir como resultado da transação, como impostos sobre ganhos de capital e tratamento fiscal de ativos e passivos.

Aproveitamento de Oportunidades Fiscais em Operações de Fusões, Aquisições e Cisões

Assim como a identificação de riscos fiscais, o reconhecimento e aproveitamento de oportunidades fiscais são igualmente cruciais em operações de fusões, aquisições e cisões. Aqui estão algumas maneiras de reconhecer e aproveitar oportunidades fiscais:

A. Planejamento Tributário Prévio: Realizar um planejamento tributário prévio à transação pode ajudar a identificar estratégias que resultem em economia fiscal, como a escolha da estrutura da transação mais favorável.

B. Uso de Prejuízos Fiscais: Se uma das empresas envolvidas tiver prejuízos fiscais acumulados, é possível utilizá-los para compensar ganhos tributáveis, reduzindo assim o imposto devido.

C. Estruturação Contratual: A forma como a transação é estruturada contratualmente pode afetar o tratamento fiscal. Planejar a estruturação de forma eficiente pode resultar em economia fiscal.

D. Identificação de Incentivos Fiscais: Avaliar se existem incentivos fiscais disponíveis para a transação, como reduções de impostos em áreas específicas.

E. Amortização de Ativos: Em algumas situações, é possível amortizar determinados ativos ao longo do tempo, resultando em economia fiscal.

F. Análise de Ativos e Passivos: Identificar ativos ou passivos que podem ser otimizados ou reestruturados para reduzir a carga tributária.

G. Revisão de Contratos: Avaliar contratos existentes para identificar oportunidades de economia fiscal, como cláusulas de renegociação de dívidas.

A identificação de riscos fiscais e o aproveitamento de oportunidades fiscais são partes essenciais do processo de planejamento de operações de fusões, aquisições e cisões. Uma abordagem estratégica e consultoria especializada são fundamentais para garantir que os riscos sejam minimizados e que as oportunidades de economia fiscal sejam maximizadas durante essas transações.

11.5 Aspectos legais e contábeis envolvidos

Operações de fusões, aquisições e cisões também têm implicações legais e contábeis que devem ser cuidadosamente consideradas:

Aspectos Legais em Transações Empresariais

Garantir a conformidade com as leis e regulamentações aplicáveis em transações empresariais, como fusões, aquisições e cisões, é essencial para evitar litígios, penalidades e problemas legais futuros. Aqui estão algumas considerações importantes:

A. **Due Diligence Legal:** Realizar uma *due diligence* legal é o primeiro passo. Isso envolve uma análise detalhada dos aspectos legais das empresas envolvidas na transação, incluindo contratos, acordos, litígios em andamento e outros documentos relevantes.

B. **Estruturação Contratual:** A forma como a transação é estruturada contratualmente deve refletir com precisão os termos acordados e os requisitos legais. Isso inclui a definição de cláusulas de responsabilidade, garantias e obrigações pós-transação.

C. Compliance Regulatório: Verificar se as empresas envolvidas na transação estão em conformidade com todas as regulamentações e licenças necessárias para suas operações. Isso inclui licenças comerciais, ambientais, trabalhistas e outras.

D. Autorizações e Aprovações: Identificar as autorizações e aprovações necessárias de órgãos reguladores e acionistas, dependendo da jurisdição e do setor em que as empresas operam.

E. Leis Antitruste: Avaliar se a transação pode levantar preocupações antitruste e garantir a conformidade com as leis de concorrência.

F. Contratos com Terceiros: Revisar contratos com terceiros, como fornecedores e clientes, para garantir que a transação não viole obrigações contratuais existentes.

G. Resolução de Disputas: Estabelecer um plano para a resolução de disputas que possam surgir após a transação, como cláusulas de arbitragem ou mediação.

Aspectos Contábeis em Transações Empresariais

Os aspectos contábeis desempenham um papel fundamental em transações empresariais, pois afetam o registro e a apresentação das transações nos registros contábeis da empresa. Aqui estão algumas considerações importantes:

A. **Registro de Ativos e Passivos:** Identificar e avaliar todos os ativos e passivos envolvidos na transação e registrar corretamente esses valores nos registros contábeis da empresa.

B. **Alocação de Preço de Compra:** Ao adquirir outra empresa, é necessário alocar o preço de compra aos ativos adquiridos e passivos assumidos de acordo com os princípios contábeis aplicáveis.

C. **Amortização de Ativos Intangíveis:** Avaliar se há ativos intangíveis, como marcas registradas ou patentes, que precisam ser amortizados ao longo do tempo de acordo com as normas contábeis.

D. Revisão de Políticas Contábeis: Verificar se as políticas contábeis da empresa precisam ser atualizadas para refletir as mudanças resultantes da transação.

E. Relatórios Financeiros: Garantir que os relatórios financeiros, incluindo demonstrações de resultados, balanços patrimoniais e fluxos de caixa, reflitam com precisão o impacto da transação.

F. Auditoria Independente: Muitas transações empresariais exigem uma auditoria independente para confirmar a conformidade com os princípios contábeis e garantir a integridade das informações financeiras.

G. Impostos Diferidos: Considerar o impacto dos impostos diferidos relacionados à transação, como impostos sobre ganhos de capital.

As fusões, aquisições e cisões são estratégias essenciais para o crescimento e a reestruturação das empresas. No entanto, no contexto do Simples Nacional, é fundamental entender as implicações fiscais e adotar estratégias de planejamento tributário eficazes. Este capítulo oferece insights cruciais para ajudar as empresas a navegar com sucesso por essas operações complexas, evitando armadilhas fiscais e maximizando oportunidades. Lembre-se de que consultar profissionais de contabilidade e assessoria jurídica especializados é essencial ao lidar com essas questões complexas.

CAPÍTULO 12:

PLANEJAMENTO TRIBUTÁRIO PARA EXPANSÃO E INTERNACIONALIZAÇÃO

A expansão de um negócio para novos mercados, sejam eles nacionais ou internacionais, é um passo importante no crescimento empresarial. No entanto, esse processo traz consigo uma série de desafios, especialmente em relação à tributação. Neste capítulo, exploraremos estratégias de planejamento tributário essenciais para empresas que buscam expandir e se internacionalizar.

12.1 Planejamento tributário na abertura de filiais e franquias

A abertura de filiais e franquias é uma estratégia comum para a expansão de empresas. No entanto, é fundamental considerar as implicações fiscais ao adotar essa abordagem.

Escolha da Estrutura Legal para Abertura de Filiais e Franquias

A escolha da estrutura legal adequada para a abertura de filiais e franquias é crucial, pois afeta diretamente a tributação e os aspectos legais das operações. Ao considerar aspectos tributários, é importante:

A. **Tipo de Empresa:** Avaliar se a filial ou franquia será uma extensão direta da matriz ou uma entidade legal separada. Isso pode impactar a tributação e a responsabilidade legal.

B. **Forma Jurídica:** Escolher a forma jurídica mais adequada para a nova unidade, levando em consideração as vantagens fiscais e a proteção legal oferecida por diferentes estruturas, como sociedade limitada, sociedade anônima, entre outras.

C. **Regime Tributário:** Determinar o regime tributário mais vantajoso para a nova unidade, como o Simples Nacional, Lucro Real ou Lucro

Presumido, considerando fatores como volume de vendas e margens de lucro.

D. Localização: Avaliar a localização da filial ou franquia em relação às alíquotas de impostos estaduais e municipais, pois essas taxas podem variar significativamente.

Impacto Fiscal da Expansão por Filiais e Franquias

A expansão por meio de filiais e franquias tem implicações fiscais que devem ser cuidadosamente consideradas:

A. Tributação sobre Lucros: Entender como os lucros gerados pela filial ou franquia serão tributados, considerando as regras do regime tributário escolhido.

B. Impostos sobre Operações: Avaliar os impostos que podem incidir sobre as operações comerciais da nova unidade, como ICMS, ISS e outros impostos estaduais e municipais.

C. Retenção de Impostos: Conhecer as regras de retenção de impostos na fonte, como IRRF

(Imposto de Renda Retido na Fonte) e INSS (Contribuição Previdenciária), que podem ser aplicáveis aos pagamentos feitos pela filial ou franquia.

Estratégias de Otimização Tributária na Expansão por Filiais e Franquias

Para otimizar a carga tributária ao expandir por filiais e franquias, algumas estratégias podem ser consideradas:

A. **Escolha do Regime Tributário:** Selecionar o regime tributário mais vantajoso para a nova unidade, levando em conta a natureza do negócio, a localização e os volumes de operação.

B. **Estruturação Contratual:** Estruturar contratos de franquia de forma a otimizar a tributação, como definir royalties e taxas de franquia de maneira eficiente.

C. **Aproveitamento de Incentivos Fiscais:** Identificar se existem incentivos fiscais disponíveis na região de atuação da filial ou franquia e aproveitá-los.

D. Planejamento de Estoques: Gerenciar estoques de forma eficiente para otimizar a tributação, evitando excesso de tributação sobre mercadorias.

E. Monitoramento Fiscal: Implementar um sistema de monitoramento fiscal para garantir que todas as obrigações fiscais sejam cumpridas em conformidade com a legislação vigente.

A escolha da estrutura legal adequada, a consideração do impacto fiscal e a implementação de estratégias de otimização são passos cruciais ao expandir por meio de filiais e franquias. Consultar um especialista tributário é fundamental para tomar decisões informadas e maximizar os benefícios fiscais durante o processo de expansão.

12.2 Exportação e importação de produtos e serviços

Empresas que buscam a internacionalização frequentemente precisam lidar com questões complexas de importação e exportação, o que envolve implicações tributárias específicas.

- **Procedimentos aduaneiros:** Exploração dos procedimentos aduaneiros envolvidos na importação e exportação de produtos e serviços, com ênfase na conformidade tributária.
- **Tarifas e impostos de importação/exportação:** Discussão das tarifas e impostos que podem afetar os custos e a lucratividade das operações internacionais.
- **Benefícios fiscais para exportadores:** Como identificar e aproveitar os benefícios fiscais disponíveis para empresas envolvidas em exportações.

12.3 Regimes especiais de tributação para operações internacionais

Diversos países oferecem regimes tributários especiais para atrair investidores estrangeiros e empresas que desejam operar internacionalmente.

- **Zonas de livre comércio e incentivos fiscais:** Discussão sobre como as empresas podem se beneficiar dessas zonas e incentivos para otimizar sua tributação.
- **Acordos bilaterais de tributação:** Exploração de acordos bilaterais que podem afetar a tributação de operações internacionais e como as empresas podem aproveitá-los.

12.4 Tributação de lucros no exterior

Empresas que operam internacionalmente precisam entender a tributação de lucros obtidos fora de seu país de origem.

- **Impostos sobre lucros no exterior:** Discussão sobre como calcular e cumprir os impostos sobre os lucros auferidos no exterior, incluindo as políticas de repatriação de lucros.
- **Planejamento de repatriação:** Estratégias para trazer lucros de volta ao país de origem de forma eficiente do ponto de vista tributário.

12.5 Aspectos legais e fiscais da internacionalização

A internacionalização envolve uma série de questões legais e fiscais complexas que devem ser consideradas cuidadosamente.

Estruturação Legal para Operações Internacionais

A estrutura legal adequada para operações internacionais é fundamental para o sucesso e a conformidade com as leis locais. Considere o seguinte ao escolher a estrutura legal:

A. Tipo de Presença: Determine se a empresa operará por meio de uma filial, subsidiária, joint venture ou outra forma de presença no país estrangeiro. Cada opção tem implicações legais e fiscais diferentes.

B. Escolha da Entidade Legal: Escolha a forma legal mais apropriada para a nova operação no exterior, levando em consideração questões como responsabilidade limitada, regulamentações locais e estrutura de impostos.

C. Regime Tributário: Avalie as opções de regime tributário disponíveis no país estrangeiro e escolha o mais vantajoso para as atividades da empresa.

D. Estratégia de Propriedade: Determine como a propriedade e o controle da empresa no exterior serão estruturados, considerando acordos de acionistas ou parcerias estratégicas.

E. Proteção de Ativos: Garanta que os ativos da empresa sejam adequadamente protegidos, incluindo a propriedade intelectual, marcas comerciais e patentes.

Conformidade Legal em Operações Internacionais

A conformidade legal é fundamental em operações internacionais para evitar litígios e problemas legais. Algumas considerações importantes incluem:

A. **Conhecimento das Leis Locais:** Investigue e compreenda completamente as leis e regulamentações locais do país estrangeiro em que a empresa opera, incluindo questões trabalhistas, fiscais e aduaneiras.

B. **Contratos e Acordos:** Certifique-se de que todos os contratos e acordos estejam em conformidade com as leis locais e internacionais, incluindo contratos de trabalho, contratos de fornecedores e acordos de distribuição.

C. **Questões Trabalhistas:** Cumpra as leis trabalhistas locais, incluindo regulamentações de salário mínimo, horas de trabalho e benefícios aos funcionários.

D. Propriedade Intelectual: Proteja sua propriedade intelectual registrando marcas comerciais e patentes nos países onde opera, para evitar violações de direitos autorais e propriedade intelectual.

E. Questões de Importação e Exportação: Cumpra as regulamentações alfandegárias e de importação/exportação do país estrangeiro, incluindo documentação adequada e tarifas alfandegárias.

Gestão de Riscos em Operações Internacionais

A gestão de riscos é fundamental em operações internacionais para proteger a empresa de problemas legais e fiscais. Algumas estratégias de mitigação de riscos incluem:

A. *Due Diligence:* Realize uma *due diligence* completa antes de iniciar operações no exterior para identificar potenciais riscos legais e fiscais.

B. Assessoria Jurídica: Consulte um advogado ou escritório de advocacia especializado em direito internacional para orientação legal específica do país estrangeiro.

C. Seguro: Considere a aquisição de seguro que cubra riscos legais e fiscais relacionados às operações internacionais.

D. Monitoramento Regular: Mantenha um monitoramento regular das práticas comerciais, políticas internas e regulamentações locais para garantir a conformidade contínua.

E. Revisão de Contratos: Revise regularmente os contratos e acordos para garantir que permaneçam em conformidade com as mudanças nas leis e regulamentações locais.

F. Treinamento da Equipe: Eduque sua equipe sobre as leis e regulamentações locais e forneça orientação adequada para evitar problemas legais.

A expansão e a internacionalização de um negócio apresentam oportunidades emocionantes, mas também desafios complexos relacionados à tributação e à conformidade legal. Este capítulo fornece uma visão abrangente do planejamento tributário e dos aspectos legais envolvidos, permitindo que as empresas enfrentem essas questões com confiança e eficácia. Lembre-se de que é fundamental contar com consultoria tributária e legal especializada ao expandir internacionalmente para garantir o cumprimento de todas as obrigações e maximizar os benefícios fiscais disponíveis.

CAPÍTULO 13:
PREVENÇÃO E GESTÃO DE PASSIVOS TRIBUTÁRIOS

A gestão adequada dos passivos tributários é crucial para a saúde financeira de qualquer empresa. Neste capítulo, abordaremos estratégias para evitar autuações fiscais, lidar com fiscalizações, gerenciar débitos tributários, recuperar créditos fiscais e, finalmente, reduzir passivos tributários de maneira eficaz.

13.1 Como evitar autuações fiscais

Autuações fiscais podem ser custosas e prejudiciais para a reputação de uma empresa. A prevenção é a melhor estratégia:

- **Conformidade tributária:** A importância de cumprir rigorosamente todas as obrigações fiscais, incluindo o pagamento de impostos e a entrega de declarações no prazo.

- **Planejamento tributário:** Como um planejamento tributário adequado pode ajudar a reduzir riscos de autuações.

- **Auditorias internas:** A realização de auditorias internas regulares para identificar e corrigir possíveis problemas antes que se tornem alvos de fiscalizações.

13.2 Procedimentos em caso de fiscalização

Mesmo com um planejamento tributário sólido, as empresas podem enfrentar fiscalizações. É fundamental saber como lidar com essas situações:

Colaboração com Auditores Fiscais

Colaborar de forma apropriada e transparente com auditores fiscais é fundamental para garantir uma auditoria eficiente e minimizar o risco de autuações fiscais. Aqui estão algumas diretrizes importantes:

A. **Cooperação Proativa:** Esteja disposto a colaborar desde o início da auditoria. Responda a todas as solicitações de informações e documentos de maneira completa e oportuna.

B. Transparência: Forneça informações precisas e transparentes aos auditores. Evite ocultar informações ou fornecer respostas vagas.

C. Comunicação Eficiente: Estabeleça uma linha de comunicação clara e eficiente com os auditores. Designe uma pessoa na empresa para ser o ponto de contato principal.

D. Documentação de Suporte: Esteja preparado para apresentar documentação de suporte que respalde as informações fiscais apresentadas, como registros contábeis, notas fiscais e contratos.

E. Respeito Profissional: Mantenha uma atitude profissional e respeitosa durante a auditoria, mesmo se surgirem discordâncias. A cooperação é fundamental para um processo suave.

F. Prazos e Prazos de Recurso: Esteja ciente dos prazos e dos direitos de recurso disponíveis caso discorde das conclusões dos auditores. Consulte um especialista tributário ou advogado, se necessário.

Documentação Adequada

Manter documentação completa e organizada é uma prática fundamental para apoiar informações fiscais precisas e para responder eficazmente a auditorias fiscais. Aqui estão algumas dicas importantes:

A. **Registros Contábeis Precisos:** Mantenha registros contábeis precisos e atualizados que refletem todas as transações financeiras da empresa.

B. **Arquivamento Digital:** Considere o arquivamento digital de documentos fiscais, como notas fiscais, contratos e declarações de imposto, para facilitar o acesso e a recuperação.

C. **Organização de Documentos:** Classifique e organize documentos fiscais em pastas ou sistemas de arquivamento de fácil acesso, facilitando a localização quando necessário.

D. **Conservação de Documentos:** Cumpra os requisitos legais de conservação de documentos, que podem variar de acordo com as regulamentações locais.

E. Backup de Dados: Faça backup regular dos registros fiscais para evitar a perda de informações importantes.

Assessoria Legal em Casos de Fiscalização

Em casos de auditoria fiscal ou fiscalização, buscar orientação jurídica especializada é uma medida importante para proteger os interesses da empresa. Aqui estão as situações em que a assessoria legal é especialmente relevante:

A. Auditorias Complexas: Em auditorias que envolvem questões complexas de impostos, leis fiscais internacionais ou regulamentações específicas do setor.

B. Disputas com Auditores: Se houver disputas significativas com os auditores fiscais sobre interpretações legais ou avaliações de impostos.

C. **Riscos Legais Potenciais:** Quando a auditoria revela riscos legais potenciais que podem resultar em penalidades ou litígios.

D. **Recurso Administrativo ou Judicial:** Se for necessário apresentar recursos administrativos ou contestar judicialmente as conclusões da auditoria.

E. **Complexidades Legais:** Em situações em que as questões legais são altamente complexas e exigem expertise legal específica.

Consultar um advogado tributarista ou uma firma de advocacia especializada em questões fiscais pode ajudar a empresa a navegar com sucesso por auditorias fiscais e a tomar as medidas necessárias para proteger seus interesses legais e financeiros.

13.3 Parcelamento de débitos tributários

Empresas que enfrentam dificuldades financeiras podem recorrer ao parcelamento de débitos tributários como uma estratégia para gerenciar sua carga fiscal:

- **Opções de parcelamento:** Exploração das opções disponíveis para parcelar débitos tributários, como o Programa de Regularização Tributária (PRT).
- **Benefícios e condições:** Aproveitar os benefícios oferecidos pelos programas de parcelamento e conhecer as condições de adesão.
- **Planejamento financeiro:** Incorporar os pagamentos parcelados ao planejamento financeiro da empresa.

13.4 Recuperação de Créditos Tributários

Muitas empresas têm direito a créditos tributários que não aproveitam totalmente. Abordaremos:

Identificação de Créditos Não Utilizados

A identificação de créditos tributários não utilizados é um processo crítico para empresas que desejam otimizar sua situação financeira. Aqui estão os principais passos para identificar esses créditos:

A. **Revisão de Documentação:** Comece revisando documentos fiscais, como declarações de impostos, notas fiscais, registros contábeis e relatórios financeiros. Isso ajudará a identificar qualquer crédito tributário não utilizado que possa ter passado despercebido.

B. Avaliação de Atividades de Negócios: Analise as atividades de negócios da empresa para identificar possíveis créditos tributários, como créditos de ICMS, PIS, COFINS, IPI, entre outros, que podem surgir devido a determinadas operações ou setores de atuação.

C. Consultoria Especializada: Em muitos casos, a identificação de créditos tributários não utilizados pode ser desafiadora devido à complexidade das regulamentações fiscais. É aconselhável consultar um especialista tributário ou contador experiente para ajudar na identificação.

D. Auditoria Tributária: Considere a realização de uma auditoria tributária para revisar detalhadamente as obrigações fiscais passadas e identificar possíveis créditos não utilizados.

Processo de Recuperação de Créditos Tributários

Após a identificação dos créditos não utilizados, o processo de recuperação envolve os seguintes passos:

A. *Documentação Adequada:* Reúna a documentação necessária que comprove a elegibilidade dos créditos identificados. Isso pode incluir notas fiscais, documentos de importação/exportação, comprovantes de pagamento de impostos, entre outros.

B. Preparação de Pedidos: Prepare os pedidos de recuperação de créditos de acordo com as regulamentações fiscais e os procedimentos estabelecidos pelas autoridades fiscais.

C. Submissão de Pedidos: Envie os pedidos de recuperação de créditos às autoridades fiscais competentes. Certifique-se de cumprir todos os requisitos de apresentação, incluindo prazos.

D. Acompanhamento e Comunicação: Mantenha um registro detalhado do progresso da recuperação de créditos e esteja em contato com as autoridades fiscais para acompanhar o status dos pedidos.

E. Recebimento e Registro: Após a aprovação, certifique-se de que os créditos recuperados sejam devidamente registrados nos registros contábeis e financeiros da empresa.

Impacto na Situação Financeira

A recuperação de créditos tributários pode ter um impacto significativo na situação financeira da empresa:

A. Fluxo de Caixa Melhorado: A recuperação de créditos pode resultar em pagamentos de impostos retroativos ou reembolsos, o que melhora o fluxo de caixa da empresa.

B. Redução de Custos: Ao utilizar os créditos tributários recuperados para compensar futuros passivos fiscais, a empresa pode reduzir seus custos tributários.

C. Melhoria da Lucratividade: A redução dos custos fiscais e o aumento do fluxo de caixa podem contribuir para a melhoria da lucratividade.

D. Investimentos e Crescimento: Os recursos financeiros adicionais obtidos por meio da recuperação de créditos podem ser direcionados para investimentos, expansão de negócios ou pagamento de dívidas.

A identificação e recuperação de créditos tributários não utilizados podem ser uma estratégia eficaz para melhorar a saúde financeira de uma empresa. No entanto, é essencial seguir os procedimentos adequados e cumprir todas as regulamentações fiscais para garantir o sucesso desse processo. Consultar um especialista tributário ou contador experiente é recomendável para orientação adequada.

13.5 Estratégias para redução de passivos tributários

A redução de passivos tributários é uma preocupação constante para as empresas.

- **Revisão tributária periódica:** A importância de revisar regularmente a situação tributária da empresa em busca de oportunidades de redução de passivos.
- **Planejamento tributário contínuo:** Adaptar e atualizar o planejamento tributário à medida que a empresa cresce e evolui.

- **Consultoria especializada:** A relevância de contar com assessoria tributária especializada para identificar estratégias de redução de passivos tributários.

A prevenção e a gestão eficaz de passivos tributários são elementos essenciais para a saúde financeira de qualquer empresa. Este capítulo oferece orientações práticas sobre como evitar autuações fiscais, lidar com fiscalizações, gerenciar débitos tributários, recuperar créditos fiscais e implementar estratégias eficazes de redução de passivos. Lembre-se de que a consultoria tributária e jurídica especializada desempenha um papel fundamental na implementação dessas estratégias.

CAPÍTULO 14: ASPECTOS ÉTICOS E LEGAIS DO PLANEJAMENTO TRIBUTÁRIO

O planejamento tributário desempenha um papel fundamental na gestão financeira de uma empresa, mas é essencial que seja conduzido com integridade, ética e em conformidade com a legislação tributária. Neste capítulo, abordaremos os aspectos éticos e legais do planejamento tributário, destacando a importância da responsabilidade, os limites da elisão fiscal e evasão fiscal, o posicionamento dos órgãos reguladores, jurisprudência relacionada ao Simples Nacional e a necessidade de implementar um programa eficaz de compliance tributário e gestão de riscos.

14.1 Ética e responsabilidade no planejamento tributário

A ética desempenha um papel crucial no planejamento tributário responsável:

Transparência no Planejamento Tributário

A transparência desempenha um papel fundamental no planejamento tributário ético. Aqui estão os aspectos cruciais:

A. Confiança e Credibilidade: A transparência na gestão tributária aumenta a confiança dos stakeholders, incluindo clientes, investidores e autoridades fiscais. Isso contribui para a credibilidade da empresa.

B. Cumprimento das Regulamentações: Um planejamento tributário transparente implica em cumprir todas as regulamentações fiscais e em comunicar abertamente como a empresa gerencia seus passivos fiscais.

C. Ética Empresarial: A transparência é um componente essencial da ética empresarial. Ela envolve não apenas cumprir as leis fiscais, mas também aderir a padrões morais e éticos elevados.

D. Evitar Controvérsias: A falta de transparência pode levar a controvérsias fiscais e litígios, prejudicando a reputação da empresa. A divulgação proativa de práticas tributárias pode evitar tais problemas.

Responsabilidade Social Empresarial (RSE) e Planejamento Tributário

A responsabilidade social empresarial refere-se ao impacto que as ações de uma empresa têm na sociedade e na comunidade em geral. No contexto do planejamento tributário, a RSE desempenha um papel vital:

A. Contribuição para o Desenvolvimento: As empresas têm a responsabilidade de contribuir para o desenvolvimento das comunidades em que operam. Isso inclui o pagamento justo de impostos, que financiam serviços públicos essenciais, como saúde e educação.

B. Ética Empresarial: A RSE exige que as empresas operem de maneira ética e cumpram suas obrigações fiscais de forma justa. Isso demonstra um compromisso com o bem-estar social.

C. **Reputação e Legitimidade:** Empresas socialmente responsáveis geralmente gozam de uma reputação positiva e de maior legitimidade em suas operações. Isso pode levar a relacionamentos mais fortes com clientes e parceiros de negócios.

D. **Redução de Riscos:** A RSE pode ajudar a reduzir riscos, como controvérsias fiscais ou problemas legais, que podem surgir de práticas tributárias questionáveis.

Conformidade Voluntária e Ética Tributária

A conformidade tributária voluntária envolve o compromisso de cumprir todas as obrigações fiscais, além do estritamente exigido pela lei. Isso reflete um compromisso ético em fazer o que é certo, mesmo quando a lei permite práticas fiscais mais agressivas:

A. **Alinhamento com Valores Empresariais:** Empresas que adotam a conformidade tributária voluntária geralmente o fazem porque isso se alinha com seus valores e princípios éticos.

B. **Minimização de Riscos:** A conformidade voluntária pode ajudar a minimizar riscos, como autuações fiscais, multas e penalidades, que podem resultar de práticas tributárias questionáveis.

C. **Transparência e Prestação de Contas:** A empresa demonstra seu compromisso com a transparência e a prestação de contas ao adotar práticas tributárias éticas e voluntariamente cumprir todas as obrigações fiscais.

D. **Respeito à Comunidade:** A conformidade tributária voluntária também demonstra respeito pela comunidade, contribuindo de forma justa para o sistema tributário que financia serviços públicos essenciais.

A transparência, a responsabilidade social empresarial e a conformidade tributária voluntária são pilares essenciais de um planejamento tributário ético. As empresas que adotam esses princípios não apenas cumprem suas obrigações legais, mas também contribuem positivamente para a sociedade e constroem relacionamentos sólidos com seus stakeholders.

14.2 Limites da elisão fiscal e evasão fiscal

O planejamento tributário visa reduzir a carga fiscal de uma empresa de forma legal, mas há uma linha tênue entre elisão fiscal e evasão fiscal:

Elisão Fiscal: Estratégias Legais para Reduzir o Ônus Fiscal

A elisão fiscal refere-se ao uso de estratégias legais e planejamento tributário para reduzir o ônus fiscal de uma empresa de maneira ética e de acordo com as leis fiscais. Aqui estão alguns aspectos importantes:

A. **Maximização de Benefícios Fiscais:** A elisão fiscal envolve a identificação de disposições legais que permitem à empresa reduzir seu passivo fiscal de maneira eficaz. Isso inclui a utilização de deduções, isenções e incentivos fiscais.

B. **Planejamento Tributário Estratégico:** Empresas geralmente buscam especialistas em tributação para desenvolver estratégias de planejamento tributário que sejam compatíveis com a legislação vigente. Isso pode incluir a escolha de um regime tributário mais favorável, como o Simples Nacional no Brasil.

C. Redução de Riscos: O planejamento tributário também visa minimizar os riscos de autuações fiscais, garantindo que a empresa esteja em conformidade com as leis fiscais.

D. Transparência: Embora a elisão fiscal seja uma estratégia legítima, a transparência é fundamental. A empresa deve divulgar suas práticas de planejamento tributário em seus relatórios financeiros e estar disposta a fornecer informações às autoridades fiscais, se necessário.

Evasão Fiscal: A Prática Ilegal de Evitar o Pagamento de Impostos

A evasão fiscal envolve a prática ilegal de evitar o pagamento de impostos por meio de meios fraudulentos ou enganosos. Alguns pontos-chave incluem:

A. **Omissão de Receitas:** A evasão fiscal pode ocorrer quando uma empresa não registra todas as suas receitas para reduzir a base tributável.

B. **Falsificação de Documentos:** Isso inclui a criação de documentos fiscais falsos, como notas fiscais ou recibos, para mascarar transações reais.

C. **Transferência de Lucros:** Empresas podem tentar transferir lucros para jurisdições com baixa tributação para evitar o pagamento de impostos em seus locais de operação principal.

D. **Subfaturamento de Ativos:** Isso envolve a declaração de valores inferiores aos reais para reduzir os impostos sobre propriedades ou ativos.

Critérios de Distinção: Como Distinguir entre Elisão Fiscal Legítima e Evasão Fiscal Ilegal

Distinguir entre elisão fiscal e evasão fiscal é fundamental para manter práticas éticas e legais. Aqui estão alguns critérios para essa distinção:

A. Conformidade com a Lei: A elisão fiscal é totalmente compatível com as leis fiscais vigentes, enquanto a evasão fiscal viola a lei.

B. Transparência: A elisão fiscal envolve a transparência na divulgação das estratégias tributárias da empresa, enquanto a evasão fiscal geralmente envolve ocultação de informações.

C. Intenção: A evasão fiscal implica em uma intenção clara de evitar o pagamento de impostos, muitas vezes por meio de meios fraudulentos. A elisão fiscal, por outro lado, envolve o uso de estratégias legais para reduzir a carga tributária, sem violar a lei.

D. Aceitação Social: A elisão fiscal é geralmente aceita socialmente, desde que esteja em conformidade com as leis. A evasão fiscal é amplamente rejeitada pela sociedade e pelas autoridades fiscais.

E. Responsabilidade: Empresas que praticam a elisão fiscal são responsáveis e éticas em suas ações, enquanto a evasão fiscal envolve comportamento irresponsável e ilegal.

A distinção entre elisão fiscal legítima e evasão fiscal ilegal é baseada em conformidade com a lei, transparência, intenção e aceitação social. Empresas devem buscar práticas de planejamento tributário éticas e legais para manter sua reputação e evitar consequências legais.

14.3 Posicionamento dos órgãos reguladores

As autoridades fiscais e reguladoras desempenham um papel fundamental na aplicação das leis tributárias.

Postura das Autoridades Fiscais em Relação ao Planejamento Tributário Agressivo

A postura das autoridades fiscais em relação ao planejamento tributário agressivo pode variar de um país para outro e ao longo do tempo. Alguns pontos-chave incluem:

A. Combate à Evasão Fiscal: As autoridades fiscais têm a responsabilidade de combater a evasão fiscal e práticas tributárias fraudulentas que resultam na perda de receitas fiscais.

B. Legislação em Evolução: As leis fiscais estão em constante evolução para fechar brechas que permitiriam o planejamento tributário excessivamente agressivo. Isso significa que as empresas precisam acompanhar as mudanças regulatórias e se adaptar.

C. Transparência e Prestação de Contas: Autoridades fiscais geralmente buscam maior transparência nas práticas tributárias das empresas. Isso inclui a divulgação de informações relevantes e a prestação de contas.

D. Multas e Penalidades: Empresas que adotam práticas tributárias agressivas podem enfrentar multas substanciais e penalidades legais se forem descobertas em uma auditoria fiscal.

Compliance e Auditorias Fiscais

O cumprimento das obrigações fiscais e a preparação para auditorias fiscais são elementos críticos na gestão tributária de uma empresa:

A. **Documentação Adequada:** Empresas devem manter registros e documentação detalhada de todas as transações financeiras e fiscais. Isso inclui a manutenção de registros contábeis precisos.

B. **Políticas de *Compliance*:** Ter políticas e procedimentos de conformidade tributária em vigor é essencial. Isso inclui o cumprimento de todas as obrigações fiscais e regulatórias.

C. **Treinamento e Conscientização:** A conscientização dos funcionários sobre as práticas tributárias e de conformidade é fundamental. Os funcionários devem estar cientes das políticas e procedimentos da empresa.

D. **Auditorias Internas:** Realizar auditorias internas regulares pode ajudar a identificar e corrigir problemas antes que as autoridades fiscais entrem em ação.

E. **Assessoria Profissional:** Empresas muitas vezes contam com a assessoria de especialistas em tributação para garantir que estejam em conformidade com as leis fiscais e para lidar com questões complexas.

Cooperação com as Autoridades Fiscais

Colaborar com as autoridades fiscais é fundamental para manter a transparência e evitar conflitos desnecessários:

A. **Fornecimento de Informações:** Empresas devem fornecer informações solicitadas pelas autoridades fiscais de forma precisa e oportuna.

B. **Comunicação Proativa:** Se uma empresa identificar um erro tributário ou uma discrepância, é importante comunicar isso às autoridades fiscais de maneira proativa e corrigir o problema.

C. **Negociação e Acordos:** Em alguns casos, é possível negociar acordos com as autoridades fiscais para resolver disputas fiscais de maneira mais eficaz e evitar litígios prolongados.

D. **Manutenção de Boas Relações:** Manter boas relações com as autoridades fiscais pode ser benéfico a longo prazo e ajudar a resolver problemas de forma mais eficaz.

As empresas devem adotar uma postura de conformidade tributária, preparar-se para auditorias fiscais e cooperar com as autoridades fiscais quando necessário. Isso não apenas ajuda a evitar problemas legais, mas também contribui para a transparência e a confiança no ambiente de negócios.

14.4 Casos de jurisprudência relacionados ao Simples Nacional

A jurisprudência pode fornecer orientação sobre questões tributárias específicas relacionadas ao Simples Nacional:

Casos Relevantes em Questões Tributárias do Simples Nacional

A jurisprudência desempenha um papel vital na interpretação e aplicação das leis tributárias, fornecendo orientação sobre questões específicas relacionadas ao Simples Nacional. Abaixo, discutiremos alguns casos relevantes:

A. **Caso de Classificação Tributária:** Um caso envolvendo a classificação tributária de uma empresa do Simples Nacional pode ser relevante. Por exemplo, a disputa sobre se uma empresa se enquadra ou não nas categorias permitidas pelo Simples Nacional.

B. **Caso de Notas Fiscais:** Disputas sobre a emissão correta de notas fiscais, incluindo a utilização de modelos específicos, podem ser esclarecedoras para outras empresas.

C. **Casos de Tributação de Receitas:** Questões relacionadas à tributação de receitas específicas, como royalties, vendas de ativos ou receitas de exportação, podem ser esclarecedoras.

D. **Casos de Multas e Penalidades:** Exemplos de casos em que empresas foram multadas ou penalizadas por não cumprir suas obrigações fiscais podem ser informativos para outras empresas.

Lições Aprendidas e Aplicação às Empresas do Simples Nacional

É importante extrair lições desses casos para melhorar a conformidade tributária e evitar problemas semelhantes:

A. **Entenda as Regras:** As empresas do Simples Nacional devem ter um profundo entendimento das regras fiscais que se aplicam a elas. Isso inclui a categorização correta e o conhecimento das alíquotas e limites de faturamento.

B. **Mantenha Registros Precisos:** A manutenção de registros detalhados e precisos é fundamental. Isso ajuda a comprovar a conformidade e a tomar decisões tributárias sólidas.

C. **Busque Assessoria Profissional:** É aconselhável contar com o apoio de especialistas em tributação que estejam atualizados com as mudanças na legislação e jurisprudência.

D. **Aprenda com Experiências Anteriores:** Ao examinar casos relevantes, as empresas podem aprender com os erros e sucessos de outras organizações. Isso pode ajudar a evitar problemas semelhantes e a identificar oportunidades de economia fiscal.

E. **Comunique-se com as Autoridades Fiscais:** Se houver incertezas ou disputas fiscais, é importante manter uma comunicação clara e aberta com as autoridades fiscais. Isso pode ajudar a resolver problemas de maneira mais eficaz.

F. **Planeje e Esteja Preparado:** O planejamento tributário proativo é essencial. As empresas devem estar preparadas para cumprir todas as obrigações fiscais e tomar decisões bem informadas.

A jurisprudência pode fornecer valiosas lições às empresas do Simples Nacional, ajudando-as a entender melhor as leis tributárias, evitar problemas comuns e melhorar a conformidade fiscal. A análise de casos relevantes e a aplicação das lições aprendidas podem ser uma parte essencial do planejamento tributário eficaz.

14.5 *Compliance* tributário e gestão de riscos

Um programa eficaz de *compliance* tributário e gestão de riscos é essencial:

- **Implementação de *compliance*:** Estabelecer um programa de *compliance* tributário sólido.
- **Gestão de riscos:** Identificação, avaliação e mitigação de riscos fiscais.
- **Treinamento e conscientização:** Capacitar os funcionários a agirem de acordo com os princípios éticos e legais do planejamento tributário.

O planejamento tributário deve ser conduzido com integridade e ética, respeitando os limites da elisão fiscal e evitando evasão fiscal. É crucial estar ciente do posicionamento dos órgãos reguladores, aprender com a jurisprudência relevante e implementar um programa de *compliance* tributário eficaz para garantir que a empresa esteja em conformidade com a legislação tributária e gerencie riscos de maneira responsável. A integridade no planejamento tributário não apenas evita problemas legais, mas também contribui para a reputação positiva da empresa e sua responsabilidade social.

CAPÍTULO 15:

FUTURO DO SIMPLES NACIONAL E TENDÊNCIAS NO PLANEJAMENTO TRIBUTÁRIO

O cenário tributário e fiscal está em constante evolução, e as empresas precisam acompanhar essas mudanças para se manterem competitivas e em conformidade. Neste capítulo, examinaremos o futuro do Simples Nacional e as tendências emergentes no campo do planejamento tributário, incluindo as mudanças recentes na legislação do Simples Nacional, as tendências em tecnologia e automação fiscal, o papel crescente da sustentabilidade e responsabilidade social nas empresas, os novos desafios e oportunidades para o planejamento tributário e como se preparar para o futuro.

15.1 Mudanças recentes na legislação do Simples Nacional

A legislação tributária está em constante evolução, e o Simples Nacional não é exceção.

Alterações na Alíquota e Faixas de Faturamento no Simples Nacional

As alterações nas alíquotas e faixas de faturamento no Simples Nacional podem ter um impacto significativo nas empresas optantes por esse regime tributário. É essencial compreender como essas mudanças afetam as operações e o planejamento tributário:

A. **Impacto nas Categorias:** Mudanças nas alíquotas podem resultar em uma carga tributária maior ou menor para diferentes categorias de empresas do Simples Nacional. É crucial avaliar como essas mudanças afetam o seu setor específico.

B. **Planejamento Tributário:** Empresas precisam reavaliar seu planejamento tributário à luz das novas alíquotas. Isso pode envolver a reestruturação de despesas, revisão de preços e busca por deduções fiscais disponíveis.

C. Monitoramento Constante: Devido à possibilidade de alterações periódicas nas alíquotas, as empresas devem manter um monitoramento constante das mudanças legislativas e ajustar suas estratégias tributárias conforme necessário.

Inclusão de Novas Atividades no Simples Nacional

A inclusão de novas atividades no Simples Nacional pode expandir o escopo de empresas elegíveis para esse regime tributário e criar novas oportunidades. É importante entender como essas mudanças impactam o seu setor e sua empresa:

A. Elegibilidade Estendida: A inclusão de novas atividades pode permitir que empresas de setores anteriormente excluídos se beneficiem do Simples Nacional. Isso pode reduzir a carga tributária e aumentar a competitividade.

B. Revisão de Enquadramento: Empresas que agora se enquadram no Simples Nacional devem considerar o desenquadramento, se for o caso, caso isso seja vantajoso para sua situação específica.

C. Aproveitamento de Benefícios: As novas atividades podem trazer consigo benefícios fiscais específicos. As empresas devem estar cientes desses benefícios e garantir que estão sendo aproveitados adequadamente.

Desafios e Oportunidades das Mudanças na Legislação

As mudanças na legislação do Simples Nacional podem apresentar tanto desafios quanto oportunidades para as empresas. É importante adotar uma abordagem estratégica:

A. Desafios de Conformidade: Mudanças na legislação podem trazer requisitos adicionais de conformidade. As empresas precisam se adaptar rapidamente para evitar penalidades.

B. Planejamento Tributário Proativo: Empresas que se adaptam às mudanças na legislação podem encontrar oportunidades de economia fiscal. Isso pode envolver a identificação de novas deduções ou a reestruturação de operações.

C. Análise de Custos e Preços: Mudanças nas alíquotas e faixas de faturamento podem afetar os custos e preços dos produtos e serviços. Uma análise cuidadosa pode ajudar a manter a competitividade no mercado.

D. Consultoria Especializada: Em muitos casos, a consultoria de especialistas em tributação é fundamental para entender e responder às mudanças na legislação. Eles podem ajudar a identificar oportunidades e mitigar riscos.

As mudanças nas alíquotas, faixas de faturamento e inclusão de novas atividades no Simples Nacional são eventos significativos que requerem adaptação e planejamento cuidadosos por parte das empresas. Acompanhar as mudanças legislativas e ajustar as estratégias tributárias de acordo é fundamental para otimizar o desempenho financeiro e a conformidade tributária.

15.2 Tendências em tecnologia e automação fiscal

A tecnologia desempenha um papel cada vez mais central na gestão das obrigações fiscais das empresas. Isso inclui uma série de tendências futuras que as empresas devem estar cientes:

Tecnologia Transformando as Obrigações Fiscais

A. **Automatização de Processos:** A automação está se tornando uma tendência-chave na gestão fiscal. A utilização de *software* e sistemas avançados pode automatizar a coleta, análise e relatórios de dados fiscais, reduzindo erros e economizando tempo.

B. **Inteligência Artificial (IA) e *Machine Learning*:** A IA e a aprendizagem de máquina estão sendo usadas para análises avançadas de dados fiscais. Isso ajuda as empresas a identificar áreas de melhoria na conformidade fiscal e otimizar estratégias tributárias.

C. **Emissão Eletrônica de Documentos:** A emissão eletrônica de notas fiscais e documentos tributários está se tornando padrão em muitos países. Isso simplifica o processo de conformidade fiscal e reduz o risco de erros.

D. ***Blockchain:*** A tecnologia *blockchain* está sendo explorada para aprimorar a rastreabilidade e a segurança de transações fiscais. Isso pode ser particularmente relevante em operações internacionais.

E. ***Big Data*** **e Análise de Dados:** O uso de *big data* na gestão fiscal permite às empresas analisar grandes volumes de dados para identificar tendências e oportunidades de economia fiscal.

F. **Integração de Sistemas:** A integração de sistemas de contabilidade, folha de pagamento e gestão tributária está se tornando uma prática padrão. Isso ajuda as empresas a ter uma visão holística de suas obrigações fiscais.

Preparação para as Mudanças Futuras

Para se preparar para essas mudanças e tirar o máximo proveito da tecnologia no campo fiscal, as empresas devem considerar o seguinte:

A. **Investimento em Tecnologia:** Investir em soluções de software e sistemas que automatizem processos fiscais e forneçam análises avançadas de dados.

B. **Treinamento e Capacitação:** Garantir que a equipe tenha as habilidades necessárias para usar efetivamente a tecnologia disponível.

C. **Estar Atualizado:** Manter-se informado sobre as tendências em tecnologia fiscal e estar disposto a adotar novas soluções à medida que surgirem.

D. **Segurança de Dados:** Com a maior automação e digitalização, a segurança de dados é crítica. Implementar medidas robustas de segurança de dados é essencial.

E. **Parceria com Especialistas:** Trabalhar com especialistas em tecnologia tributária pode ajudar as empresas a aproveitar ao máximo as soluções disponíveis e garantir conformidade.

F. Estratégia Tributária Adaptável: Desenvolver uma estratégia tributária flexível que possa se adaptar às mudanças tecnológicas e regulatórias.

G. Aproveitar as Oportunidades: Reconhecer que a tecnologia não apenas ajuda a cumprir obrigações fiscais, mas também pode identificar oportunidades de economia fiscal e melhoria de eficiência.

As tendências tecnológicas no campo fiscal estão moldando a forma como as empresas gerenciam suas obrigações fiscais. Aqueles que adotam proativamente essas tecnologias estão mais bem preparados para se adaptar às mudanças futuras e otimizar suas operações fiscais.

15.3 Sustentabilidade e responsabilidade social nas empresas

A sustentabilidade e a responsabilidade social estão se tornando cada vez mais importantes para as empresas:

Impacto Ambiental e Sustentabilidade Empresarial

A preocupação com o impacto ambiental e a sustentabilidade empresarial tornou-se fundamental na gestão moderna. As empresas podem adotar diversas práticas para reduzir seu impacto ambiental:

A. **Eficiência Energética:** Investir em tecnologias e processos que reduzam o consumo de energia, como iluminação LED, fontes de energia renovável e sistemas de gestão energética.

B. **Gestão de Resíduos:** Implementar políticas de reciclagem e redução de resíduos, reutilização de materiais e descarte responsável.

C. **Mobilidade Sustentável:** Promover opções de transporte sustentáveis para funcionários, como carros elétricos, ciclovias e transporte público.

D. *Sourcing* **Sustentável:** Priorizar fornecedores que adotem práticas sustentáveis em suas cadeias de suprimentos.

E. Responsabilidade Ambiental: Integrar considerações ambientais em todas as decisões empresariais, desde a escolha de materiais até o desenvolvimento de produtos.

Responsabilidade Social e Econômica

As empresas têm um papel vital na promoção do bem-estar social e econômico em suas comunidades. Isso pode ser alcançado por meio de:

A. Empregos e Treinamento: Oferecer oportunidades de emprego significativas e treinamento para desenvolver habilidades em comunidades locais.

B. Diversidade e Inclusão: Promover a diversidade de gênero, raça e origem étnica dentro da empresa e apoiar a inclusão em todos os níveis.

C. Filantropia Corporativa: Contribuir para causas sociais e comunidades por meio de doações e programas de voluntariado.

D. Transparência e Ética: Manter altos padrões de ética nos negócios, com responsabilidade fiscal e práticas justas de emprego.

Benefícios Fiscais e Planejamento Tributário Sustentável

Práticas sustentáveis podem ter implicações positivas na estratégia de planejamento tributário das empresas:

A. Incentivos Fiscais: Muitas jurisdições oferecem incentivos fiscais para empresas que adotam práticas sustentáveis, como créditos fiscais para investimentos em energia limpa.

B. Deduções e Créditos: Algumas despesas relacionadas à sustentabilidade podem ser dedutíveis, como gastos com eficiência energética.

C. Redução de Penalidades: Evitar práticas que causem impactos ambientais negativos pode ajudar a evitar multas e penalidades fiscais.

D. Reputação e Clientes: Empresas que demonstram compromisso com a sustentabilidade podem atrair clientes preocupados com essas questões, impulsionando seus negócios.

A adoção de práticas sustentáveis não apenas beneficia o meio ambiente e a sociedade, mas também pode ter implicações fiscais positivas. Incorporar aspectos ambientais e sociais ao planejamento tributário pode resultar em uma estratégia de negócios mais equilibrada e vantajosa.

15.4 Novos desafios e oportunidades para o planejamento tributário

O ambiente tributário está se tornando mais complexo, mas também apresenta novas oportunidades:

Legislação Internacional e Tributação Global

A. **Mudanças na Tributação Internacional:** As mudanças na tributação internacional, como as iniciativas de combate à erosão da base tributária e à transferência de lucros (BEPS) da OCDE e os esforços para estabelecer uma taxa mínima global de imposto, estão afetando empresas globais. Elas devem estar cientes das novas regras e regulamentações que podem impactar sua estrutura tributária.

B. **Convenções de Dupla Tributação:** As convenções de dupla tributação são acordos internacionais que regem como os impostos são cobrados em transações transfronteiriças. As empresas precisam entender esses acordos para evitar a dupla tributação e garantir o cumprimento fiscal em diferentes jurisdições.

Digitalização e Comércio Eletrônico na Tributação

A. **Desafios do Comércio Eletrônico:** O comércio eletrônico cria desafios únicos em termos de tributação, como determinar a localização das transações, a coleta de impostos sobre vendas em várias jurisdições e o tratamento de dados pessoais. As empresas precisam estar cientes das regulamentações específicas do comércio eletrônico em cada mercado em que atuam.

B. **Tributação Digital:** A tributação de serviços digitais e produtos intangíveis, como software e streaming de mídia, é um tópico em constante evolução. Muitos países estão adotando impostos digitais específicos. As empresas devem acompanhar essas mudanças e ajustar suas estratégias fiscais conforme necessário.

Planejamento Tributário Estratégico

A. Adaptação Contínua: Dada a constante evolução na tributação global, as empresas devem adotar uma abordagem de planejamento tributário estratégico que seja flexível e adaptável. Isso significa revisar regularmente as estratégias fiscais à medida que novas regulamentações e leis tributárias são promulgadas.

B. Avaliação de Riscos: Um planejamento tributário estratégico deve incluir uma avaliação de riscos detalhada para identificar possíveis problemas fiscais em potencial. Isso ajuda a evitar surpresas desagradáveis em auditorias fiscais ou disputas legais.

C. Máxima Eficiência Fiscal: O objetivo do planejamento tributário estratégico é maximizar a eficiência fiscal, aproveitando oportunidades legais para reduzir a carga tributária global da empresa. Isso pode envolver a otimização da estrutura de capital, o uso de incentivos fiscais e a seleção de jurisdições fiscais favoráveis.

D. Assessoria Especializada: Dada a complexidade da tributação global, muitas empresas optam por buscar aconselhamento especializado de consultores fiscais internacionais. Esses especialistas podem ajudar a criar estratégias fiscais sólidas e garantir a conformidade com as regulamentações internacionais.

As empresas globais enfrentam desafios significativos relacionados à tributação internacional e ao comércio eletrônico. Um planejamento tributário estratégico e uma compreensão profunda das mudanças regulatórias são fundamentais para o sucesso contínuo no ambiente tributário global em constante mudança.

15.5 Como se preparar para o futuro

Para se manterem competitivas e em conformidade, as empresas devem adotar uma abordagem proativa:

Educação Contínua

A. **Atualização Constante:** A legislação tributária está sempre evoluindo. Portanto, é fundamental investir em educação contínua para manter a equipe atualizada sobre as últimas mudanças e tendências na área tributária.

B. Treinamento Interno: Oferecer treinamento interno regular para funcionários que lidam com questões fiscais. Isso pode envolver a contratação de instrutores externos, participação em cursos e workshops ou a implementação de programas de e-learning.

C. Rede de Especialistas: Manter uma rede de especialistas fiscais que possam fornecer orientação sobre questões tributárias específicas. Consultar profissionais com experiência em planejamento tributário é uma prática recomendada.

Parcerias Estratégicas

A. Consultores Fiscais e Contadores: Estabelecer parcerias estratégicas com consultores fiscais e contadores especializados em planejamento tributário pode ser valioso. Esses profissionais podem oferecer conhecimento especializado e insights sobre como otimizar a estratégia fiscal da empresa.

B. Tecnologia e *Software*: Parcerias com fornecedores de software fiscal e tecnologia podem ajudar a simplificar a conformidade tributária e melhorar a eficiência no acompanhamento de regulamentações em constante mudança.

C. **Advogados Tributários:** Em casos complexos, a colaboração com advogados tributários é essencial para garantir que a empresa esteja em conformidade com todas as leis e regulamentações tributárias.

Flexibilidade e Adaptação

A. **Estratégias Ágeis:** Adotar uma mentalidade ágil na abordagem das questões tributárias. Isso envolve a capacidade de ajustar rapidamente as estratégias fiscais à medida que as circunstâncias mudam.

B. **Modelagem de Cenários:** Realizar análises de cenários para avaliar como mudanças na legislação tributária ou na estrutura da empresa podem afetar a carga tributária. Isso permite que a empresa esteja preparada para diferentes cenários.

C. Feedback Interno: Estabelecer um processo de feedback interno para que as equipes possam compartilhar insights sobre as práticas tributárias e identificar áreas que precisam de melhorias.

D. Auditorias Internas: Realizar auditorias internas regulares para garantir que a empresa esteja em conformidade com suas estratégias fiscais e que não haja riscos fiscais não identificados.

O futuro do Simples Nacional e do planejamento tributário está intrinsecamente ligado às mudanças na legislação, às tendências tecnológicas, à responsabilidade social e aos desafios emergentes. As empresas devem estar preparadas para se adaptar a essas mudanças, buscando educação constante, adotando tecnologias inovadoras, incorporando práticas sustentáveis e mantendo um planejamento tributário estratégico e flexível. O planejamento tributário do futuro será impulsionado por uma compreensão holística do ambiente empresarial e uma abordagem proativa para gerenciar riscos e aproveitar oportunidades.

CONCLUJÃO

Ao longo deste livro, exploramos de maneira abrangente e detalhada o universo complexo do planejamento tributário para empresas do Simples Nacional. Desde as bases conceituais até as estratégias avançadas, discutimos os principais tópicos que envolvem o cenário tributário brasileiro e como as empresas podem navegar por ele de forma eficiente e legal.

Perspectivas para o Futuro

O panorama tributário está em constante mudança, e as perspectivas para o futuro exigem uma abordagem proativa e estratégica. As empresas devem estar preparadas para enfrentar novos desafios e aproveitar oportunidades emergentes. Algumas perspectivas cruciais incluem:

- **Legislação em evolução:** As leis tributárias continuarão a evoluir, seja em resposta a mudanças econômicas, políticas ou tecnológicas. As empresas devem acompanhar de perto essas mudanças para garantir que estejam em conformidade e aproveitando os benefícios disponíveis.

- **Tributação internacional:** Com a globalização dos negócios, a tributação internacional desempenhará um papel cada vez mais importante. Empresas envolvidas em operações globais devem entender as complexidades da tributação internacional e adaptar seu planejamento tributário de acordo.

- **Tecnologia e automação:** A tecnologia continuará a transformar a maneira como as empresas lidam com suas obrigações fiscais. A automação fiscal e a análise de dados desempenharão um papel crucial na otimização tributária.

- **Sustentabilidade e responsabilidade social:** A sociedade está cada vez mais atenta às questões de sustentabilidade e responsabilidade social. Empresas que adotam práticas sustentáveis podem desfrutar de benefícios fiscais e melhorar sua imagem perante os consumidores.

Alertas e Oportunidades

Neste cenário em constante evolução, é essencial estar atento a alertas e oportunidades:

- **Alertas de conformidade:** As consequências de não estar em conformidade com as leis tributárias podem ser severas. Manter um alto nível de conformidade é fundamental para evitar problemas legais e financeiros.

- **Oportunidades de otimização:** O planejamento tributário oferece oportunidades de economia significativa. Identificar e aproveitar essas oportunidades pode fazer a diferença nos resultados financeiros da empresa.

- **Consultoria especializada:** A complexidade do ambiente tributário faz com que seja essencial contar com consultores tributários especializados. Eles podem ajudar a identificar oportunidades, mitigar riscos e fornecer orientação estratégica.

A Importância da Atualização Constante

O mundo dos negócios é dinâmico, e as empresas que desejam prosperar devem se atualizar constantemente. Isso inclui manter-se informado sobre mudanças na legislação, tendências de mercado e avanços tecnológicos. Além disso, é crucial investir na educação de sua equipe e na capacitação de especialistas tributários para que possam tomar decisões informadas.

A Necessidade de Especialistas em Tributação

A complexidade do sistema tributário exige a orientação de especialistas em tributação. Esses profissionais não apenas ajudam a garantir a conformidade, mas também identificam oportunidades de economia fiscal e estratégias de otimização tributária que podem impulsionar o crescimento e a lucratividade da empresa.

O planejamento tributário é uma ferramenta poderosa para empresas do Simples Nacional, permitindo que elas naveguem pelo intricado sistema tributário brasileiro de maneira eficaz e legal. No entanto, para aproveitar ao máximo essas oportunidades, as empresas devem estar preparadas para enfrentar os desafios em constante evolução.

À medida que o ambiente tributário continua a se transformar, a educação, a conformidade, a tecnologia e o apoio de especialistas se tornarão ainda mais vitais. O futuro pertence àqueles que se adaptam e evoluem com ele.

Portanto, invista em conhecimento, fique atento às tendências e conte com parceiros de confiança para ajudar a moldar um futuro financeiro mais promissor para sua empresa.

Lembre-se de que a jornada tributária é contínua, e a busca pela excelência tributária é uma meta que nunca deve ser abandonada.

BIBLIOGRAFIA

Código Tributário Nacional. Disponível em: http:www.receita.fazenda.gov.br/Legislacao/CodTributNa ci/ctn.htm. Acesso em: 10/11/2020.

FACHIN, Odília. Fundamentos de metodologia. 6ª Ed. São Paulo. Saraiva, 2017.

FABRETTI, Láudio Camargo. Contabilidade Tributaria. 11. ed. São Paulo, Atlas, 2009 p.

FILHO, Edmar Oliveira Andrade. Planejamento Tributário, 2ª ed, São Paulo, Saraiva,

GIL, Antônio Carlos. Como elaborar projetos de pesquisa. 5. ed. São Paulo: Atlas, 2010.

GUTIERREZ, M. D. Planejamento tributário: elisão e evasão fiscal. São Paulo: Quatier Latin, 2006.

HIGUCHI, Hiromi. IMPOSTO DE RENDA DAS EMPRESAS INTERPRETAÇÃO E PRÁTICA. Ed. São Paulo: Ir Publicações ,2017.

HOMSI, Marcelo Moreira Maluf, Breve Estudo sobre Planejamento Tributário Disponível em:

https://marcelohomsi.jusbrasil.com.br/artigos/200655430 /breve-estudo-sobreplanejamento-tributario. Acesso em: 05/11/2020.

JUNIOR, Foch Simão. Uma Análise Sobre a Evasão Fiscal, Revista Tributação, Uma publicação do sindicato nacional dos auditores fiscais da receita federal do Brasil, ano 2019, disponível em: https://www.sindifisconacional.org.br/images/publicacoe s/tributacao/pdf/tributacao66.pdf#page=30, Acesso em: 03/03/2021.

ALBERTI, Xerxes Ricardo COMPARATIVO TRIBUTÁRIO: SIMPLES NACIONAL, LUCRO PRESUMIDO E LUCRO REAL Disponível em: http://faflor.com.br/revistas/refaf/index.php/refaf/article/ view/109. Acesso em: 11/11/2020.

AMARO, Luciano da Silva. Direito Tributário Brasileiro. 9 ed. São Paulo: Saraiva, 2003.

QUALIA: a ciência em movimento, v.7, n.1, jan./jul. 2021, p.93-115. ISSN: 2447-9691

BARBOZA, Jovi. Contabilidade e Planejamento Tributário – 9ª. ed. /Jovi Barboza -- Maringá, PR : Editora Projus, 2017.

BERTUCCI, Janete Lara de Oliveira. Metodologia Básica para Elaboração de Trabalhos de Conclusão de Cursos (TCC): Ênfase na elaboração de TCC de Pós- Graduação Lato Sensu. São Paulo: Atlas,2011.